- Hyveistä -

Todellisia siunauksia etsivä ihminen

DR. JAEROCK LEE

*"Siunattu on se mies,
joka turvaa Herraan,
jonka turvana Herra on.
Hän on kuin veden partaalle istutettu puu,
joka ojentaa juurensa puron puoleen;
helteen tuloa se ei peljästy,
vaan sen lehvä on vihanta,
ei poutavuonnakaan sillä ole huolta,
eikä se herkeä hedelmää tekemästä"*

(Jeremia 17:7-8).

Todellisia siunauksia etsivä ihminen, Kirjailija: Dr Jaerock Lee
Julkaisija Urim Books (Edustaja: Seongnam Vin)
73, Yeouidaebang-ro 22-gil, Dongjak-gu, Seoul, Korea
www.urimbooks.com

Kaikki oikeudet pidätetään. Tätä kirjaa tai mitään sen osaa ei saa kopioida missään muodossa, tallentaa hakujärjestelmään tai siirtää missään muodossa tai millään tavalla, elektronisesti, mekaanisesti, valokopioimalla, nauhoittamalla tai muutoin, ilman kustantajan kirjallista lupaa.

Copyright © 2020 by Dr. Jaerock Lee
ISBN: 979-11-263-0588-9 03230
Kääntäjä koreasta englanniksi: Copyright © 2010 by Dr. Esther K. Chung. Julkaistu luvalla.

Julkaistu aiemmin koreaksi Urim Books, Soul, Korea, 2007

Ensimmäinen painos helmikuussa 2020

Toimittanut: Dr. Geumsun Vin
Suunnittelu: Editorial Bureau of Urim Books
Painaja: Prione Printing
Lisätietoja varten ota yhteyttä: urimbook@hotmail.com

Alkusanat

Seuraava tarina on lähtöisin Rooman yliopistosta. Taloudellisissa vaikeuksissa oleva oppilas meni rikkaan miehen luokse ja pyysi tältä apua. Tämä vanha mies kysyi oppilaalta mitä tämä tekisi näillä rahoilla. Oppilas vastasi että hän käyttäisi ne opintojensa päättämiseen.

"Mitä sen jälkeen?"

"Sitten minun pitää ansaita rahaa."

"Ja sitten?"

"Minä menen naimisiin."

"Sitten?"

"Minä vain elän vanhaksi."

"Ja sitten?"

"Sitten minä lopulta kuolen."

"Ja sitten?"

"..."

Tähän tarinaan sisältyy hyvä opetus. Jos tämä oppilas olisi ollut ihminen, joka etsii todellisia siunauksia joista hän voi pitää ikuisesti kiinni hän olisi vastannut tämän vanhan miehen viimeiseen kysymykseen sanoilla "Sitten minä menen taivaaseen."

Yleensä tämän yhteiskunnan ihmiset luulevat että vaurauden, terveyden, maineen, vallan ja perherauhan kaltaiset asiat ovat siunauksia. He yrittävät saada näitä asioita itselleen. Katsoessamme kuitenkin ympärillemme me voimme nähdä että vain harva kuitenkin nauttii näistä siunauksista.

Jotkut perheet saattavat kyllä olla rikkaita mutta niistä on ongelmia tai vaikeuksia vanhempien, lasten tai appivanhempien välisissä suhteissa. Jopa terve ihminen voi menettää elämänsä yhdessä hetkessä sairauden tai onnettomuuden johdosta.

Huhtikuussa 1912 tuhannet ihmiset olivat nauttimassa rauhassa luksuslaivalla matkustamisesta kun se kohtasi traagisen onnettomuuden. Titanic ja sen kantamat 2300 ihmistä törmäsivät jäävuoreen, joka upotti laivan neitsytmatkallaan. Titanic oli tuolloin maailman suurin matkustajalaiva ja kuuluisa ylellisyydestään ja loistostaan. Kukaan ei kuitenkaan tiennyt mitä vain muutamassa tunnissa pystyisi tapahtumaan.

Kukaan ei tiedä mitä huomenna tulee tapahtumaan. Edes koko elämänsä ajan tässä maailmassa vaurautta, valtaa ja mainetta nauttinut henkilö ei voi siunattu jos hän lankeaa helvettiin ja kärsii ikuisesti. Täten todellinen siunaus on pelastuksen saaminen ja taivaan kuningaskuntaan astuminen.

Noin 2000 vuotta sitten Jeesus aloitti julkisen työnsä tällä sanomalla: *"Katukaa, sillä Jumalan valtakunta on lähellä!"*

(Matteus 4:17). Ensimmäinen tätä julistusta seurannut sanoma koski 'hyveitä', joiden avulla taivaan valtakuntaan voidaan päästä. Jeesus opetti pian sumun tavoin katoaville ihmisille ikuisista siunauksista, siunauksista joiden avulla päästä taivaan kuningaskuntaan. Hän myös opetti heille kuinka tulla maan kirkkaudeksi ja suolaksi, kuinka täyttää Laki rakkaudella ja kuinka saavuttaa hyveet. Tämä on kirjattu Matteuksen kirjaan luvusta viisi aina lukuun seitsemän saakka. Tätä kutsutaan Vuorisaarnaksi.

Yhdessä ensimmäisen Korinttolaiskirjeen luvun 13 hengellisen rakkauden sekä Galatalaiskirjeen luvun 5 hengen hedelmien kanssa hyveet kertovat meille kuinka tulla hengen ihmiseksi.

Ne ovat tienviittoja joiden avulla me voimme tarkistaa itseämme, ja ne ovat olennaisia pyhittyneeksi tulemiselle ja Uuteen Jerusalemiin astumiselle. Täällä sijaitsee Jumalan valtakunta ja tämä on taivaan kirkkain asuinsija.

Tämä teos, *Todellisia siunauksia etsivä ihminen* on

tiivistelmä hyveistä puhuvista saarnoista joita minä olen pitänyt kirkossani muutaman kerran.

Jos me saavutamme nämä hyveet, me emme vain nauti vaurauden, terveyden, maineen, vallan ja perherauhan kaltaisista siunauksista tässä maailmassa, vaan me saamme myös itsellemme asuinsijan Uudessa Jerusalemissa. Jumalan antama siunaus ei vapise missään olosuhteissa. Meiltä ei puutu mitään jos me vain saavutamme nämä hyveet.

Minä rukoilen, että ihmiset muuttuisivat tämän kirjan kautta hengen ihmisiksi jotka etsivät todellisia siunauksia ja että he saisivat kaikki Jumalan heille valmistamat siunaukset. Minä kiitän myös Geumsun Viniä, käännöstoimiston johtajaa sekä kaikkia sen työntekijöitä.

Jaerock Lee

Sisältö

Alkusanat

Luku 1 : Ensimmäinen siunaus
Autuaita ovat hengellisesti köyhät,
sillä heidän on taivasten valtakunta   1

Luku 2 : Toinen siunaus
Autuaita ovat murheelliset,
sillä he saavat lohdutuksen   21

Luku 3 : Kolmas siunaus
Autuaita ovat hiljaiset,
sillä he saavat maan periä   39

Luku 4 : Neljäs siunaus
Autuaita ovat ne, jotka isoavat ja janoavat vanhurskautta,
sillä heidät ravitaan   57

Luku 5 : Viides siunaus
Autuaita ovat laupiaat,
sillä he saavat laupeuden 71

Luku 6 : Kuudes siunaus
Autuaita ovat puhdassydämiset,
sillä he saavat nähdä Jumalan 93

Luku 7 : Seitsemäs siunaus
Autuaita ovat rauhantekijät,
sillä heidät pitää Jumalan lapsiksi kutsuttaman 109

Luku 8 : Kahdeksas siunaus
Autuaita ovat ne, joita vanhurskauden tähden vainotaan,
sillä heidän on taivasten valtakunta 129

Luku 1
Ensimmäinen siunaus

—— ⚜ ——

Autuaita ovat hengellisesti köyhät,
sillä heidän on taivasten valtakunta

2 · Todellisia siunauksia etsivä ihminen

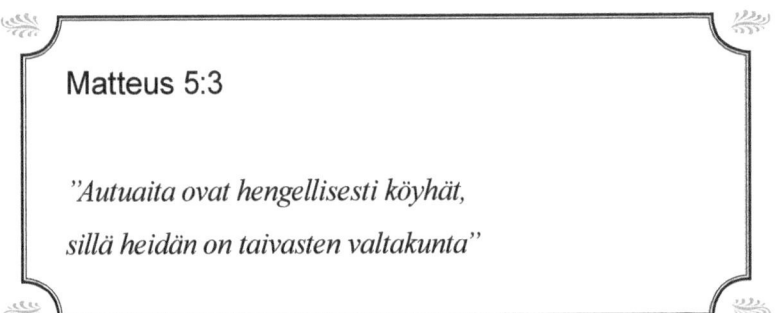

Matteus 5:3

"Autuaita ovat hengellisesti köyhät, sillä heidän on taivasten valtakunta"

Kuolemaan tuomittu amerikkalainen vanki vuodatti kyyneleitä lukiessaan sanomalehteä. Lehden otsikko kertoi Yhdysvaltojen 22. presidentin, Stephen Grover Clevelandin virkaanastujaisista. Tämän nähnyt vanginvartija kysyi miksi vanki itki niin sydäntä särkevästi. Vanki alkoi selittää pää painuksissa. Hän sanoi: "Stephen ja minä kävimme samaa collegea. Eräänä päivänä me kuulimme koulun jälkeen kuinka kirkonkello alkoi soida. Stephen pyysi minua tulemaan hänen kanssaan kirkkoon mutta minä kieltäydyin. Hän jatkoi kirkkoon ja minä pubiin. Tämä teki meidän elämistämme niin erilaisia."

Yksi hetkessä tehty valinta muutti tämän miehen elämän. Tässä ei ole kuitenkaan kyse pelkästään tämän maan päällisestä elämästä. Meidän ikuinen elämämme voi muuttua tekemiemme valintojen tähden.

Taivaallisiin pitoihin kutsutut

Luukaksen jakeessa 14 oleva mies järjesti suuret pidot ja kutsui niihin useita ihmisiä. Hän lähetti palvelijansa hakemaan kutsuvieraita mutta kaikki palvelijat palasivat yksin takaisin. Kaikki kutsuvieraat olivat eri syistä johtuen liian kiireisiä tulemaan juhliin.

"Minä olen ostanut maapalan ja minun täytyy käydä katsomassa sitä. Kiitos kutsusta mutta ikävä kyllä minä en voi tulla."

"Minä olen ostanut ikeitä härille ja minun täytyy koettaa niitä. Olen pahoillani mutta minä en pääset tulemaan."

"Minä tiedän että sinä ymmärrät että en pääse tulemaan, sillä minä olen juuri äskettäin mennyt naimisiin."

Pitojen isäntä lähetti palvelijansa uudelleen läheiseen kylään tuodakseen kaduilla olevat köyhät, sokeat ja rammat juhliinsa. Tämän vertauskuvan avulla Jeesus vertaa kutsun saaneita niihin joille on annettu kutsu ottaa osaa taivaallisiin pitoihin.

Nykyään rikkaat kieltäytyvät hyväksymästä evankeliumia. Heillä on monia tekosyitä joiden tähden he eivät voi ottaa osaa kun taas köyhät ottavat innokkaasti osaa. Tämän tähden todellisten siunausten saamisen ensimmäinen vaatimus on tulla hengessä köyhäksi.

Hengessä köyhä

"Hengessä köyhä" tarkoittaa köyhän sydämen omaamista. Tämä tarkoittaa sellaisen sydämen omaamista jossa ei ole ylpeyttä, röyhkeyttä, itsekkyyttä, itsekkäitä haluja tai pahuutta. Hengessä köyhät ottavat siis evankeliumin helpommin vastaan. He kaipaavat hengellisiä asioita otettuaan Jeesuksen Kristuksen vastaan. He myös muuttuvat nopeasti Jumalan voimasta. Jotkut naiset sanovat: "Minun aviomieheni on todella hyvä ihminen mutta hän ei vain tahdo hyväksyä evankeliumia." Ihmiset pitävät toisia ihmisiä "hyvinä" jos nämä eivät tee mitään näkyviä pahoja tekoja. Vaikka ihminen vaikuttaisikin hyvältä, kuinka me voimme sanoa että hän on kuitenkaan hyvä jos hän ei hyväksy evankeliumia sydämensä rikkauden tähden?

Matteuksen luvussa 19 nuori mies saapui Jeesuksen luokse ja kysyi mitä hyviä tekoja hänen täytyisi tehdä saadakseen ikuisen elämän. Jeesus sanoi että hänen täytyi pitää kaikki Jumalan käskyt. Tämän lisäksi Hän käski nuorukaista myymään koko omaisuutensa, antamaan sen köyhille ja sitten seuraamaan Häntä.

Nuori mies luuli rakastavansa Jumalaa ja hän piti Hänen käskynsä erittäin tarkasti. Hän lähti kuitenkin pois surren. Tämä johtui siitä että hän oli rikas ja hän piti omaisuuttaan ikuisen elämän hankkimista arvokkaampana. Jeesus näki hänet ja sanoi että kamelille oli helpompaa mennä neulansilmän läpi kuin rikkaalle päästä taivaaseen.

Tässä rikkaus ei tarkoita ainoastaan suuren omaisuuden omaamista. Tämä tarkoittaa hengessä rikkaana olemista. Hengessään rikkaat eivät kenties tee pahoja tekoja ulospäin mutta heillä on silti voimakkaita lihallisia ja maailmallisia haluja. He nauttivat rahasta, vallasta, tietoudesta, ylpeydestä, vapaa-ajan harrastuksista, viihteestä sekä muista iloista. Tämän tähden he eivät mielestään tarvitse evankeliumia eivätkä he etsi Jumalaa.

Vaurauden siunaus hengessä köyhiä oleville

Luukaksen luvussa 16 esiintyvä rikas mies nautti elämästään ja järjesti juhlia joka päivä. Hän oli niin rikas että myös hänen sydämensä oli rikas, eikä hän tuntenut tarvetta uskoa Jumalaan. Lasarus-niminen kerjäläinen kärsi useista sairauksista ja hänen täytyi kerjätä rikkaan miehen talon portilla. Hän oli hengessään köyhä ja tämän tähden hän etsi Jumalaa.

Mitä tapahtui heidän kuolemansa jälkeen? Lasarus pelastui ja sai levätä Aabrahamin rinnalla, kun taas rikas mies putosi tuonelaan ja joutui kärsimään ikuisesti.

Liekit olivat hyvin kuumia ja rikas mies sanoi: *"Isä Aabraham, armahda minua ja lähetä Lasarus luokseni niin että hän voi kastaa sormensa veteen ja viilentää kieltäni"* (j. 24). Hänen kipunsa ei hellittänyt yhdeksikään hetkeksi.

Minkälainen ihminen siunattu henkilö sitten on? Hän ei ole niin kuin rikas mies joka nauttii maallisista omaisuuksista ja vallasta ja nauttii elämästään maan päällä. Vaikka siunattu ihminen saattaakin olla matala-arvoinen, Jeesuksen Kristuksen ottaminen elämään ja taivaalliseen kuningaskuntaan astuminen Lasaruksen tapaan on todella suuri siunaus. Kuinka me voisimme verrata tämän maan päällistä 70 tai 80 vuoden pituista elämää ikuiseen elämään?

Tämä vertauskuva kertoo meille että tärkeintä ei ole se

olemmeko me tämän maan päällä rikkaita vai emme, vaan se että me olemme hengessä köyhiä ja uskomme Jumalaan.

Tämä ei kuitenkaan tarkoita sitä että Jeesuksen Kristuksen elämäänsä ottanut ja hengessä köyhän henkilön täytyy elää köyhänä ja kärsiä sairauksista Lasaruksen tavoin voidakseen tulla pelastetuksi. Jeesus lunasti meidät synneistämme ja eli itse köyhyydessä, ja tämän tähden me voimme olla varakkaita vaikka me olemme hengessä köyhiä ja elämme Jumalan sanan mukaan (2. Kor. 8:9).

3 Joh. 1:2 sanoo: *"Rakkaani, minä toivotan sinulle, että kaikessa menestyt ja pysyt terveenä, niinkuin sielusikin menestyy."* Sielumme kukoistaessa me olemme terveitä sekä hengellisesti että fyysisesti ja meitä siunataan sekä taloudellisen tilanteemme, perherauhamme että muun vastaavan osalta.

Meidän täytyy kuitenkin pitää kiinni uskostamme Kristukseen loppuun saakka voidaksemme päästä taivaalliseen kuningaskuntaan vaikka me olisimmekin jo ottaneet Jeesuksen Kristuksen vastaan ja nauttineet vaurauden siunauksia. Meidän nimemme voivat tulla pyyhityiksi elämän kirjasta jos me loittonemme pelastuksesta rakastamalla tätä maailmaa (Psalmi 69:28).

Tämä on kuin maraton-juoksu. Jos johdossa oleva maratoonari joutuu radalta ulos ennen maalia hän ei voi saada palkintoa kultamitalista puhumattakaan.

Tämä siis tarkoittaa sitä että jos meidän sydämemme muuttuu jälleen rikkaaksi rahan ja maailmallisten ilojen houkutuksesta meidän tulemme jäähtyy vaikka me olisimmekin eläneet tunnollista kristillistä elämää. Me voimme jopa loitota Jumalasta. Me emme voi saavuttaa taivaan kuningaskuntaa jos näin käy. Tämän tähden 1. Joh. 2:15-16 sanoo:

"Älkää rakastako maailmaa älkääkä sitä, mikä maailmassa on. Jos joku maailmaa rakastaa, niin Isän rakkaus ei ole hänessä. Sillä kaikki, mikä maailmassa on, lihan himo, silmäin pyyntö ja elämän korskeus, se ei ole Isästä, vaan maailmasta."

Heitä lihan himot pois

Lihan himot ovat sydämestä nousevia epätotuuden ajatuksia. Nämä ovat luonteenpiirteitä jotka tahtovat tehdä syntiä. Me haluamme nähdä, kuulla, ajatella ja toimia näiden halujen mukaan jos meidän sydämestämme löytyy vihaa, kiukkua, himoja, kateutta, haureutta tai ylpeyttä.

Esimerkiksi henkilö jolla on helposti tuomitseva ja arvosteleva luonne haluaa kuulla muista kertovia juoruja. Sitten tämänkaltaiset henkilöt levittävät näitä juoruja ja mustamaalaavat ihmisiä tarkistamatta totuutta. Tämä saa heidät tuntemaan olonsa hyväksi ja he nauttivat tämän tekemisestä.

Kiivautta sydämessään kantava ihminen suuttuu taas jopa pienistäkin asioista. Hän tuntee olonsa hyväksi vasta sitten kun hän on kaatanut vihansa ulos. Hänelle on kivuliasta yrittää hillitä nousevaa kiukkuaan eikä hän siten voi muuta kuin antaa sen purkautua. Meidän täytyy rukoilla voidaksemme heittää nämä lihan himot pois. Me voimme heittää ne varmasti pois jos me saamme Hengen täyteyden palavien rukousten kautta. Jos me taas lakkaamme rukoilemasta tai menetämme Hengen täyteyden me annamme Saatanalle tilaisuuden herättää lihan himoja. Tämän johdosta me saatamme kenties tehdä synnin tekoja.

1. Piet. 5:8 sanoo: *"Olkaa raittiit, valvokaa. Teidän vastustajanne, perkele, käy ympäri niinkuin kiljuva jalopeura, etsien, kenen hän saisi niellä."* Meidän täytyy olla rukouksen avulla aina valppaana ottamaan vastaan Hengen täyteys. Palavan rukoilun avulla meistä voi tulla hengessä köyhiä heittämällä pois lihan himot, eli syntiset luonteenpiirteemme.

Heitä silmien himot pois

Silmien himo on luonteenpiirre joka pahenee kun me näemme tai kuulemme jotakin. Se saa meidät haluamaan ja seuraamaan näkemiämme tai kuulemiamme asioita. Jos me hyväksymme tunteillamme näkemämme asian meissä herää myöhemmin samoja tunteita kun me näemme asian uudestaan.

Meidän ei edes tarvitse nähdä asiaa vaan pelkästään sen tai siitä kuuleminen riittää herättämään samankaltaisia tunteita, aiheuttaen siten silmien himoa. Tämä silmien himo pahentaa lihan himoa jos me emme katkaise sitä vaan ainoastaan hyväksymme sen jatkuvasti. Myös tämä johtaa todennäköisesti synnin tekemiseen. Myös Daavid, Jumalan sydämen mukainen mies, teki syntiä silmien himon tähden.

Daavidista tuli kuningas ja koko valtio nautti vakaista oloista. Eräänä päivänä Daavid oli katolla ja näki sattumalta kuinka Baatseba, Uriahin vaimo, kylpi. Hän joutui kiusauksen valtaan ja vei vaimon pois ja makasi hänen kanssaan.

Samaan aikaan naisen aviomies oli taistelutantereella taistelemassa maansa puolesta. Myöhemmin Daavid sai kuulla että Baatseba oli raskaana. Peittääkseen tekonsa hän kutsui Uriahin pois taistelukentältä ja kehotti tätä makaamaan vaimonsa kanssa.

Kunnioittaakseen yhä taistelussa olevia sotilaista Uriah kuitenkin vain nukkui kuninkaan talon ovella. Asiat eivät sujuneet Daavidin suunnitelmien mukaisesti ja siten hän lähetti Uriahin taistelun etulinjaan jotta hän kuolisi.

Daavid luuli rakastavansa Jumalaa kaikkea muuta enemmän. Siitä huolimatta silmien himo otti hänet valtaansa ja hän teki pahaa makaamalla toisen miehen vaimon kanssa. Hän myös teki yhä suurempaa pahuutta tekemällä murhan tekojensa peittämiseksi.

Myöhemmin hän kävi läpi suuren koettelemuksen tämän hyvitykseksi. Baatseban synnyttämä poika kuoli ja hänen täytyi paeta poikansa Absalomin kapinaa. Hänen täytyi jopa sietää alhaisen henkilön kirouksia. Tämän kautta Daavid lopulta ymmärsi hänen sydämessään olevan pahuuden muodon ja hän katui täysin Jumalan edessä. Lopulta hänestä tuli kuningas jota Jumala käytti paljon työssään.

Nykyään jotkut nuoret ihmiset nauttivat aikuismateriaalista elokuvissa tai internetissä. Heidän ei kuitenkaan tulisi suhtautua tähän kevyesti. Tämänkaltainen silmien himo on kuin lihan himojen sytytyslangan sytyttämistä.

Verratkaamme tätä sodankäyntiin. Kuvittele, että lihan himoa edustaa kaupungin muurien sisältä käsin taistelevat sotilaat. Tällöin silmien himo on näille muurien sisäpuolella oleville sotilaille tarkoitettujen vahvistusten tai sotatarvikkeiden kaltainen asia. Näillä sotilailla on sitä suurempi taisteluvahvuus mitä säännöllisemmin heitä huolletaan. Me emme voi voittaa lihan himoa jos sitä vahvistetaan jatkuvasti.

On mahdollista katkaista silmien himo omin avuinemme, ja siten meidän ei tulisi nähdä, kuulla tai ajatella mitään totuuden vastaista. Me voimme katkaista tämän silmien himon kokonaan jos me näemme, kuulemme ja ajattelemme ainoastaan totuuden mukaisesti ja omaamme ainoastaan hyviä tunteita.

Heitä pois tämän elämän ylpeys

Tämän elämän ylpeys on luonteenpiirre joka ylpeilee itsellään. Se on maailman fyysisissä iloissa elämistä lihan ja silmien himojen tyydyttämiseksi sekä omien saavutusten esittelemistä muiden edessä. Tämän luonteenpiirteen omaava ylpeilee vauraudellaan, kunniallaan, tietoudellaan, lahjoillaan, ulkomuodollaan ja muilla asioilla tehdäkseen itsensä tunnetummaksi ja saadakseen muiden huomiota.

Jaak. 4:16 sanoo: *"Mutta nyt te kerskaatte ylvästelyssänne. Kaikki sellainen kerskaaminen on paha."* Kerskailu ei hyödytä meitä yhtään. Täten, kuten 1. korinttolaiskirje 1:31 sanoo: *"Joka kerskaa, sen kerskauksena olkoon Herra."* Meidän tulee kerskata ainoastaan Herralla Jumalaa kirkastaaksemme.

Herralla kerskaaminen tarkoittaa sitä että me kerskaamme sillä että Jumala vastaa meille, antaa meille siunauksia ja armoa, sekä taivaan kuningaskunnalla. Se on Jumalan kirkastamista sekä uskon ja toivon siemenen istuttamista kuulijoihin niin että hekin voivat kaivata hengellisiä asioita.

Jotkut ihmiset sanovat kerskailevansa Herralla, mutta he tekevät sen tavalla jolla he nostavat itseään esiin. Tämänkaltainen toiminta ei voi muuttaa muita ihmisiä. Meidän tulee siis tutkiskella kaikessa itseämme niin että me emme tule ylpeiksi tässä elämässä (Room. 15:2).

Tule hengellisesti lapseksi

Yhdysvalloissa oli eräs pieni pikkukylässä asuva lapsi. Hän alkoi rukoilla Jumalaa suuremman luokkahuoneen puolesta sillä heidän pyhäkoululuokkansa oli hyvin pieni. Usean päivän jälkeen hän ei ollut vieläkään saanut vastausta rukouksiinsa ja niin hän alkoi kirjoittaa Jumalalle kirjeitä joka päivä.

Lapsi kuitenkin kuoli ennen kuin hän täytti edes kymmentä. Hänen äitinsä oli pakkaamassa hänen tavaroitaan kun hän huomasi paksun pinkan lapsen Jumalalle kirjoittamia kirjeitä. Äiti näytti nämä kirjeet pastorille joka liikuttui näistä syvästi, ja toi ne esiin saarnoissaan.

Uutinen näistä levisi moneen paikkaan ja sieltä täältä alkoi virrata uhreja. Pian rahaa oli enemmän kuin tarpeeksi uuden kirkon rakentamiseksi. Myöhemmin lapsen mukaan nimettiin sekä ala- että yläaste, ja myöhemmin jopa college. Tämä kaikki oli nuoren lapsen viattoman uskon tulosta, jonka avulla hän oli uskonut että Jumala antaa meille kaiken mitä me pyydämme.

Matteuksen luvussa 18 opetuslapset kysyivät Jeesukselta kuka olisi suurin taivaan kuningaskunnassa. Jeesus vastasi: *"Totisesti minä sanon teille: ellette käänny ja tule lasten kaltaisiksi, ette pääse taivasten valtakuntaan"* (j. 3). Meidän täytyy kaikkien omata lapsen sydän Jumalan edessä iästämme huolimatta.

Lapset ovat viattomia ja puhtaita, ja niin he hyväksyvät

kaiken mitä heille opetetaan. Me voimme astua taivaalliseen kuningaskuntaan vasta sitten kun me uskomme ja noudatamme Jumalan sanaa niin kuin me sitä kuulemme ja opimme.

Jumalan sana käskee meitä esimerkiksi 'rukoilemaan jatkuvasti.' Meidän tulee siis rukoilla jatkuvasti ilman tekosyitä. Jumala sanoo että meidän tulisi iloita aina, ja siten meidän tulisi aina iloita ilman, että me ajattelisimme että: 'Kuinka minä voisin iloita kun minulla on elämässäni niin monia murheellisia asioita?' Jumala sanoo että meidän ei tule vihata, ja me yritämme rakastaa jopa vihamiehiämmekin ilman tekosyitä.

Me myös kadumme nopeasti tekemiämme vääriä tekoja ja yritämme elää Jumalan sanan mukaan jos me omaamme lapsenkaltaisen sydämen.

Maailman tahraama ja viattomuutensa menettänyt ihminen on kuitenkin turta jopa syntiä tehdessään. Hän tuomitsee ja arvostelee muita, juoruaa toisten ihmisten vioista ja puutteista, kertoo niin suuria kuin pieniäkin valheita ymmärtämättä koskaan että hän toimii väärin.

Hän katselee muita halveksuen, yrittää tulla palvelluksi ja unohtaa heti saamansa armon jos jokin ei ole hänelle hyödyksi. Hänellä ei kuitenkaan koskaan ole huono omatunto. Hänellä on suuri halu ajaa omaa etuaan, ja siten hän toimii tavalla joka edistää tätä.

Me kuitenkin reagoimme herkästi hyvään ja pahaan jos

meistä tulee totuudessa lapsen kaltaisia. Me liikutumme helposti ja vuodatamme kyyneleistä jos näemme hyvää ja vihaamme ja kartamme kaikkea pahaa.

Me vihaamme asiaa sydämemme pohjasta ja yritämme välttää synnin tekemistä jos Jumala sanoo että tämä asia on pahaa. Me teemme näin vaikka ihmiset sanoisivat että näin ei ole.

Lapsi ei ole myöskään ylpeä eikä hän pidä kiinni mielipiteistään. Hän hyväksyy kaiken mitä ihmiset hänelle opettavat. Hengellinen lapsi ei myöskään pidä kiinni ylpeydestään eikä hän yritä tulla nostetuksi ylöspäin. Jeesuksen aikana kirjanoppineet ja fariseukset tuomitsivat ja arvostelivat muita sanoen tietävänsä itse totuuden, mutta hengellinen lapsi ei kuitenkaan tee näin. Hän vain toimii nöyrästi ja lempeästi niin kuin Herra.

Hengellinen lapsi ei siis intä olevansa oikeassa kuunnellessaan Herran sanaa. Hän vain uskoo ja tottelee vaikka olisikin jotain minkä kanssa hän ei ole ymmärtämyksineen samaa mieltä tai mitä hän ei ymmärrä. Kuullessaan Jumalan työstä hän ei näytä ylpeyttä tai kerskailua vaan haluaa vain itse kokea samankaltaisia töitä.

Me uskomme ja noudatamme Jumalan sanaa jos meistä tulee lapsia hengellisesti. Me yritämme muuttaa itseämme jos me löydämme itsestämme jotain mikä on sanan mukaan syntiä.

Joissakin tapauksissa ihmiset elävät kristillistä elämää kauan aikaa säilöen Jumalan sanan ainoastaan tietoutena. Näin heidän sydämistään tulee aikuisten sydämiä. Saatuaan alussa Jumalan armon osakseen he katuivat ja paastosivat heittääkseen syntinsä pois niitä löydettyään mutta myöhemmin he kuitenkin turtuivat. "Minä tiedän tämän" he ajattelevat kuullessaan sanaa. He saattavat myös noudattaa ainoastaan sellaisia asioita jotka miellyttävät heitä tai asioita joista he ovat samaa mieltä. He tuomitsevat ja arvostelevat muita tuntemansa sanan avulla.

Joten tullaksemme hengessä köyhäksi meidän tulee aina löytää sanan avulla itsessämme oleva pahuus, heittää se pois palavasti rukoillen ja tulla hengellisesti lapsiksi. Vasta sitten me voimme nauttia kaikista Jumalan meille valmistamista siunauksista.

Siunaus taivaan ikuisen kuningaskunnan saamiseksi

Minkälaisia siunauksia hengessä köyhät sitten saavat osakseen. Matteus 5:3 sanoo: *"Autuaita ovat hengellisesti köyhät, sillä heidän on taivasten valtakunta."* He saavat osakseen todellisen ja ikuisen siunauksen, taivaan kuningaskunnan.

Taivaan kuningaskunta on paikka jossa Jumalan lapset asuvat. Se on hengellinen paikka jota ei voida verrata tähän maailmaan. Vanhemmat odottavat lapsensa syntymää ja valmistavat sille leluja ja vaunuja valmiiksi, ja samalla tavalla Jumala valmistaa taivaan kuningaskuntaa niille, jotka ovat hengessä köyhiä, avaavat sydämensä ja ottavat evankeliumin vastaan tullakseen Hänen lapsikseen.

Jeesus sanoi: *"Minun Isäni kodissa on monta asuinsijaa"* (Joh. 14:2), ja tämän mukaan taivaallisessa kuningaskunnassa on monta asuinpaikkaa. Nämä asuinpaikat vaihtelevat kaikki sen mukaan kuinka paljon me olemme rakastaneet Jumalaa ja eläneet Hänen sanansa mukaan uskomme pitämiseksi.

Henkilö elää ikuisesti Paratiisissa jos hän on hengessä köyhä mutta on vain juuri Jeesuksen Kristuksen hyväksymisen ja pelastetuksi tulemisen tasolla. Henkilön kuitenkin eläessä Kristuksessa ja hänen muuttaessa itseään Jumalan sanan avulla hän saa paikan taivaan ensimmäisestä, toisesta tai kolmannesta kuningaskunnasta. Sydämen pyhittymisen saavuttanut ja kaikessa Jumalalle uskollisena ollut henkilö pääsee kuitenkin taivaan kaikista kauneimpaan asuinsijaan, Uuteen Jerusalemiin, missä hän saa nauttia ikuisesti siunauksista.

Ole hyvä ja tutki teoksia *Taivas I* ja *Taivas II* lukeaksesi taivaallisen kuningaskunnan asuinpaikoista ja sen onnellisesta elämästä. Anna minun kuitenkin esitellä hieman Uuden Jerusalemin elämää.

Uuden Jerusalemin kaupungissa paistaa Jumalan kirkkaus ja enkelien ylistyksen ääni kuuluu taustalla. Kullasta ja ihmeellisesti säihkyvistä jalokivistä rakennettujen talojen välissä kulkee kultainen tie. Kaiken ympärillä on täydellisesti hoidettuja vihreitä niittyjä, nurmikoita, puita, sekä kauniita kukkia.

Kristallinkirkas elämän joki virtaa hiljaa. Sen penkereillä on hienoa kultahiekkaa. Kultaisille istuimille on aseteltu koreja joissa on elämän puusta peräisin olevia hedelmiä. Kaukaisuudessa näkyy lasin omainen meri. Meressä on loistava risteilyalus joka on rakennettu erilaisista jalokivistä. Tähän paikkaan pääseviä ihmisiä palvellaan lukuisten enkelien toimesta ja he nauttivat kuninkaan arvovallasta. He voivat lentää taivaalla säihkyvillä pilviautoilla. He näkevät aina Herran lähellään ja nauttivat taivaallisista pidoista kuuluisien profeettojen kanssa.

Uudessa Jerusalemissa on lukemattomia rakennuksia jotka ovat niin arvokkaita ja kauniita että me emme voi nähdä mitään niiden kaltaista tämän maan päällä. Jokaisen kulman takana on näky joka vangitsee kaikki aistit.

Meidän ei tule siis vain pysytellä tasolla jossa me tulemme vaivoin pelastetuksi, vaan meidän tulisi olla hengellisesti köyhiä ja muuttaa itsemme täysin sanan avulla. Näin me voimme päästä Uuteen Jerusalemiin, taivaan kauneimpaan asuinpaikkaan.

Jumalan läheisyys on meidän siunauksemme

Ollessamme hengessä köyhiä me emme saa vain tavata Jumalaa ja tulla pelastuneeksi vaan me saamme myös Jumalan lapsina valtaa sekä myös muita siunauksia. Antakaa minun esitellä teille erään kirkon vanhemman todistus. Hän oli kärsinyt 'saastesairaudesta' tai 'yleisen vaaran sairaudesta' mutta

Ensimmäinen siunaus · 19

tullut siunatuksi sen tähden että hän oli hengessä köyhä.

Noin 10 vuotta sitten hän täytyi lopettaa työnteko väliaikaisesti sairautensa tähden. Hänen teki mieli lopettaa elämänsä monta kertaa voimakkaan avuttomuuden tunteen tähden. Hän ei nähnyt toivonvaloa ja hän tiesi että hän ei pystynyt tekemään mitään itse, ja tämän tähden hänen mielialansa oli erittäin matalalla.

Hän meni kerran kirjakauppaan ja sattumalta näki erään kirjan. Tämä kirja oli *Ikuisen elämän maistaminen ennen kuolemaa*. Tämä kirja oli minun todistukseni ja muistelmani. Olin aikaisemmin ollut ateisti ja olin ollut kuoleman porteilla 7 vuotta kestäneen sairauskierteen tähden jota ihmiskeinot eivät pystyneet parantamaan. Jumala kuitenkin tuli ja kohtasi minut.

Tästä miehestä tuntui että minun elämäni oli samankaltaista kuin hänen elämänsä, ja hän osti kirjani tuntien että oli kuin jokin voima olisi vetänyt häntä tekemään niin. Hän luki sen yhdessä yössä ja vuodatti kyyneleitä. Hän oli varma että myös hän voisi parantua ja hän rekisteröityi meidän kirkkoomme.

Tämän jälkeen hän on parantunut Jumalan voimalla tästä salaperäisestä sairaudesta ja hän pystyi palaamaan taas työhönsä. Monet hänen esimiehensä ja kollegansa ovat kehuneet häntä. Häntä on siunattu ylennyksillä. Lisäksi hän on evankelioinut yli 70 sukulaistaan. Kuinka suuria hänen taivaalliset palkkiot tulevat olemaankaan!

Psalmi 73:28 sanoo: *"Mutta minun onneni on olla Jumalaa*

lähellä, minä panen turvani Herraan, Herraan, kertoakseni kaikkia sinun tekojasi."

Otettuamme vastaan hyveiden ensimmäisen siunauksen olemalla lähellä Jumalaa meidän tulisi tulla hengellisiksi lapsiksi, rakastaa Jumalaa tulisemmin ja saarnata evankeliumia niille joiden henki on köyhä. Minä toivon että sinä saisit itsellesi kaikki rakkauden ja siunausten Jumalan sinulle valmistamat hyveet.

Luku 2
Toinen siunaus

Autuaita ovat murheelliset,
sillä he saavat lohdutuksen

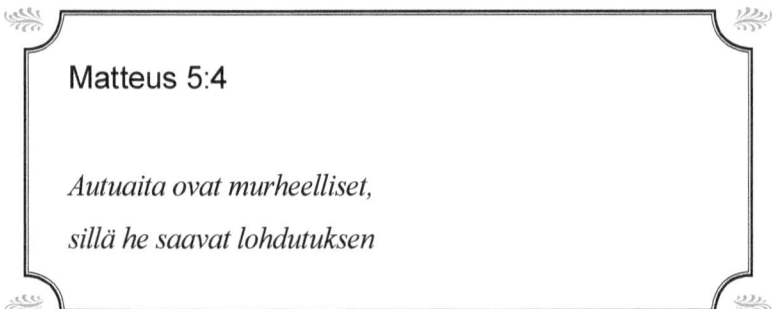

Matteus 5:4

*Autuaita ovat murheelliset,
sillä he saavat lohdutuksen*

Kaksi ystävää rakastivat toisiaan hyvin paljon. He välittivät ja rakastivat toisiaan niin paljon että he olisivat antaneet henkensäkin toisensa puolesta. Eräänä päivänä toinen heistä kuitenkin kuoli taistelussa. Henkiin jäänyt ystävä suri iltaan saakka, kaivaten pois mennyttä ystäväänsä. "Minä suren puolestasi, veljeni Joona. Sinä olet aina ollut minulle mieluinen. Sinun rakkautesi oli minulle mieluisampi kuin naisen rakkaus." Tämä mies otti ystävänsä pojan ja piti tästä huolta kuin omasta pojastaan. Tämä on Daavidista ja Joonasta kertovatarina, joka kerrotaan 2. Samuelin kirjan ensimmäisessä luvussa.

Tässä maailmassa eläessämme me kohtaamme monia läheisempiemme kuoleman, sairauksien, elämän hankaluuksien, taloudellisten ongelmien ja muiden tällaisten asioiden kaltaisia murheita. Ei ole liioiteltua sanoa että elämä on jatkuvaa surua.

Lihallista murhetta, ei Jumalan tahtoa

Ihmisten historia on täynnä sotia, terrorismia ja muita kansallisen tason katastrofeja. Jatkuvasti tapahtuu kuitenkin myös monia yksilötasolla murheellisia asioita.

Jotkut surevat taloudellisten vaikeuksiensa johdosta, kun taas toiset kärsivät sairauden aiheuttamista kivuista. Joidenkin sydämet ovat murtuneita sen tähden että heidän toiveensa eivät ole toteutuneet kun taas toiset vuodattavat katkeria kyyneleitä sen tähden että heidän lähimmäisensä ovat pettäneet heitä. Tämänkaltainen surullisten asioiden aiheuttama murhe on lihallista murhetta. Tämä on lähtöisin paholaisen tunteista. Tämä ei ole koskaan Jumalan tahtoa. Jumala ei voi lohduttaa tämänkaltaista lihallista murhetta. Raamattu sanoo että Jumala tahtoo että me iloitsemme aina (1. Tessalonikalaiskirje 5:16). Jumala sanoo myös Filippiläiskirjeen jakeessa 4:4: *"Iloitkaa aina Herrassa! Vieläkin minä sanon!"* Monet Raamatun jakeet kehottavat meitä riemuitsemaan.

Jotkut saattavat ihmetellä seuraavanlaisesti "Minä voin kyllä iloita kun siihen on aihetta, mutta kuinka minä voisin iloita kun minulla on näin paljon ongelmia, kipuja ja vaikeuksia?"

Me voimme kuitenkin iloita ja kiittää koska meistä on jo tullut pelastuneita Jumalan lapsia joille taivaan kuningaskunta on luvattu. Jumalan lapsina Hän myös kuulee kun me pyydämme jotakin, ja Hän ratkaisee meidän ongelmamme. Me voimme iloita ja antaa kiitosta koska me olemme tästä tietoisia.

Seuraava on tarina joka kertoo pastori Dr. Myong-ho Cheongista, joka oli kirkkomme kautta Afrikassa saarnaamassa evankeliumia lukemattomissa kokouksissa 54 maassa. Noin 10 vuotta sitten hän jätti työnsä collegen professorina ja meni Afrikkaan lähetyssaarnaajaksi. Pian hänen ainoa poikansa kuoli. Monet kirkon jäsenet lohduttivat häntä mutta hän vain kiitti Jumalaa ja lohdutti muita kirkon jäseniä. Hän oli kiitollinen siitä että Jumala oli ottanut hänen poikansa taivaalliseen kuningaskuntaan missä ei ole kyyneliä, surua, kipuja tai sairauksia. Hän iloitsi sillä hän tiesi että hän voisi nähdä poikansa taas taivaassa.

Samalla tavalla meidänkään ei tulisi surra lihallisesti pääsemättä surustamme yli jos meillä on uskoa ja me kohtaamme surullisia asioita. Me voimme iloita kaikissa tilaisuuksissa. Jumala tekee työtä nähdessään uskomme jos me ongelmia kohdatessamme kiitämme ja rukoilemme uskossa. Hän tekee kaikessa työtään puolestamme, ja siten Jumalan todellisina lapsina fyysisesti surullisilla tilanteilla ei ole väliä.

Jumala haluaa hengellistä surua

Jumala haluaa lihallisen suremisen sijaan hengellistä suremista. Matteus 5:4 sanoo: *"Autuaita ovat murheelliset."* Tässä 'murheellinen' tarkoittaa Jumalan valtakunnan ja vanhurskauden tähden suremista. Minkälaista hengellinen sureminen sitten on?

Ensinnäkin on katumisen surua.

Uskoessamme Jeesukseen Kristukseen ja ottaessamme Hänet Pelastajaksi me ymmärrämme sydämessämme Pyhän Hengen avulla että Hän kuoli puolestamme ristillä. Tuntiessamme tämän Jeesuksen rakkauden me tunnemme katumisen surua, katuen silmät kyynelissä ja nenä vuotaen.

Katuminen tarkoittaa kääntymistä pois synnissä elämisestä jota me teimme kun emme vielä tunteet Jumalaa, sekä Jumalan sanan mukaan elämistä. Tuntiessamme katumisen surua meidän syntimme taakka otetaan pois ja me voimme tuntea kuinka ilo on sydämessämme ylitsevuotavaista.

Minä muistan vieläkin kuinka minä otin ensimmäistä kertaa osaa herätyskokoukseen kohdattuani Jumalan, vaikka tästä on jo 30 vuotta. Minä surin kovasti katuen niin että kyyneleeni valuivat ja minun nenäni vuoti itkusta kun minä kuulin Jumalan sanaa.

Jo ennen Jumalan kohtaamista minä olin aina ylpeillyt sillä että minä elin vanhurskasta ja hyvää elämää. Kuunnellessani Jumalan sanaa minä kuitenkin katsoin takana olevaa elämääni ja löysin siitä useita epätotuuden mukaisia asioita. Minä riivin sydäntäni katumuksessani ja tehdessäni näin minun koko kehoni tuntui niin kevyeltä ja virkistyneeltä että minusta tuntui kuin minä olisin lentänyt. Minä sain myös itseluottamusta uskoen voivani elää Jumalan sanan mukaan. Tuosta hetkestä eteenpäin minä lopetin tupakanpolton ja juomisen ja aloin lukea Raamattua ja ottaa osaa aamun rukouspalveluksiin.

Kristilliseen elämäämme voi kuulua asioita joita me suremme jopa senkin jälkeen kun me olemme saaneet katumuksen surun armon osaksemme. Meidän täytyy heittää syntimme pois ja elää pyhää elämää Jumalan sanan mukaisesti tultuamme Hänen lapsikseen. Me emme ole kuitenkaan täydellisiä ja me saatamme tehdä syntiä ennen kuin me saavutamme aikuisen mitan uskoa.

Tällaisessa tilanteessa me olemme Jumalan edessä pahoillamme ja kadumme rukoillen jos me rakastamme Häntä. Me rukoilemme: "Jumala, auta minua jotta tämänkaltainen asia ei tapahtuisi enää uudelleen. Anna minulle voimaa elää sanasi mukaan." Surressamme tällä tavalla me saamme taivaasta voimaa jolla heittää syntimme pois. Kuinka suuri siunaus sureminen onkaan!

Jotkut uskovat tekevät samoja syntejä toistuvasti ja katuvat yhä uudelleen. Tällaisessa tapauksessa muutos on hyvin hidas tai sitten sitä ei tapahdu ollenkaan. Tämä johtuu siitä että he eivät kadu aidosti sydämellään vaikka he saattavatkin sanoa surevansa katumuksen surua.

Kuvittele että nuorukainen liikkuu huonossa seurassa ja tekee paljon pahoja asioita. Hän pyytää vanhemmiltaan anteeksi mutta jatkaa samojen asioiden tekemistä. Tämä ei ole silloin aitoa katumusta. Hänen täytyy kääntyä teoistaan, lakata liikkumasta huonossa seurassa ja opiskella ahkerasti. Vasta sitten hänen voidaan katsoa katuvan aidosti.

Samalla tavalla mekään emme saa jatkuvasti tehdä samoja tekoja katuen aina pelkillä sanoillamme, vaan meidän tulisi katua osoittaen tämän oikeanlaisilla teoilla (Luukas 3:8).

Uskomme kasvaessa meistä voi tulla johtaja kirkossamme eikä meidän tällöin tulisi enää surra katumuksen surua. Tämä ei kuitenkaan tarkoita sitä että me emme saisi surra sen jälkeen kun me teemme syntiä, vaan sitä että meidän täytyy heittää syntimme pois niin ettei meillä ole enää mitään surtavaa. Me suremme katuen myös silloin kun me emme ole tehneet velvollisuuksiamme. 1. Kor. 4:2 sanoo: *"Sitä tässä huoneenhaltijoilta ennen muuta vaaditaan, että heidät havaitaan uskollisiksi."* Eli meidän tulee olla uskollisia ja kantaa velvollisuuksissamme hyviä hedelmiä. Meidän täytyy surra katuen jos me emme tee näin.

Tässä on tärkeää ymmärtää, että jos me emme kadu ja käänny synneistämme kun me emme täytä velvollisuuksiamme me rakennamme tällä synnin muurin Jumalan ja itsemme välille. Tämän johdosta Jumala ei suojele meitä. Tämä vastaa sitä että vanhempi lapsi käyttäytyy vauvan tavoin minkä takia häntä täytyy torua koko ajan.

Me saamme kuitenkin nauttia Jumalan antamasta ilosta ja rauhasta jos me kadumme ja suremme sydämellämme. Jumala antaa meille myös luottamusta siihen että me pystymme tekemään tämän. Hän antaa meille voimia täyttää velvollisuutemme. Tämä on Jumalan sureville antama lohtu.

Seuraavaksi puhumme uskonveljien puolesta suremisesta.

Joskus uskonveljet tekevät syntiä ja kulkevat kohti kuolemaa. Tällaisessa tapauksessa me olemme huolissamme ja levottomia tämän veljen puolesta jos meissä on yhtään armoa. Joten me suremme tämän tähden kuin se olisi meidän oma asiamme. Me jopa kadumme hänen puolestaan ja rukoilemme rakkaudessa niin että hän voi toimia totuudessa.

Me voimme surra tällä tavalla ja rukoilla kyynelehtien katumuksessa heidän puolestaan ainoastaan jos me rakastamme hänen sieluaan aidosti. Osa ihmisistä levittää toisten ihmisten vikoja mutta tämä ei ole kuitenkaan Jumalan silmissä oikein. Meidän täytyy kätkeä heidän vikansa rakkaudella ja rukoilla jotta he eivät tekisi syntiä.

Stefanuksen marttyyrius on kirjattu Apostolien tekojen lukuun 7. Juutalaiset loukkaantuivat Stefanuksen sanomasta. He kivittivät hänet kuoliaaksi kun hän sanoi että hänen hengelliset silmänsä olivat avautuneet ja että hän näki Jeesuksen seisovan Jumalan oikealla puolella.

Stefanus rukoili rakkaudessaan häntä kivittävien pahojen ihmisten puolesta jopa samaan aikaan kun he kivittivät häntä.

"Ja niin he kivittivät Stefanuksen, joka rukoili ja sanoi: 'Herra Jeesus, ota minun henkeni!' Ja hän laskeutui polvilleen ja huusi suurella äänellä: 'Herra, älä lue heille syyksi tätä syntiä!' Ja sen sanottuaan hän nukkui pois" (Ap. t. 7:59-60).

Kuinka Jeesus sitten toimi? Häntä pilkattiin ja vainottiin aina ristille asti, ja silti Hän rukoili Häntä ristiinnaulitsevien puolesta, sanoen: *"Isä, anna heille anteeksi, sillä he eivät tiedä, mitä he tekevät"* (Luuk 23:24). Jeesus oli täysin viaton ristin kärsimykseen ja silti Hän rukoili Häntä ristiinnaulitsevien ihmisten puolesta. Tämä näyttää meille kuinka syvää, leveää ja suurta Jeesuksen sieluja kohtaan tuntema rakkaus on. Tämä on Jumalan silmissä hyvä ja kunnollinen sydän. Tämänkaltaisen sydämen kautta me saamme siunauksia.

On myös surua sielujen pelastamisen puolesta.

Jumalan lasten täytyy tuntea ihmisten pelastumista toivovaa rakastavaa myötätuntoa kun he näkevät kuinka tämän maailman synti tahraa ihmisiä jotka ovat matkalla kohti tuhoa. Nykyään synti ja pahuus kukoistavat aivan kuten aikoinaan Nooan aikana. Tuon ajan sukupolvea rankaistiin vedenpaisumuksella. Sodomaa ja Gomorraa rankaistiin tulella.

Meidän tulee siis surra meidän vanhempiemme, veljiemme, sisariemme, sukulaistemme ja naapureidemme puolesta jos he eivät ole vielä pelastuneet. Meidän tulee surra myös meidän maamme, kansamme, kirkkojemme ja muiden Jumalan kuningaskuntaan liittyvien asioiden puolesta. Tämä tarkoittaa sitä että meidän tulee surra sielujen pelastuksen puolesta.

Apostoli Paavali murehti ja huolehti Jumalan kuningaskunnan ja vanhurskauden sekä sielujen puolesta. Häntä vainottiin ja hän kärsi monista vaikeuksista evankeliumia saarnatessaan. Hänet jopa heitettiin vankilaan. Hän ei kuitenkaan surrut omaa henkilökohtaisen kärsimyksensä tähden vaan ainoastaan ylisti ja rukoili Jumalaa (Ap. t. 16:25). Hän kuitenkin suri yhä enemmän Jumalan kuningaskunnan ja sielujen puolesta.

"Ja kaiken muun lisäksi jokapäiväistä tunkeilua luonani, huolta kaikista seurakunnista. Kuka on heikko, etten minäkin olisi heikko? Kuka lankeaa, ettei se minua polttaisi?" (2. Kor. 11:28-29).

"Valvokaa sentähden ja muistakaa, että minä olen kolme vuotta lakkaamatta yötä ja päivää kyynelin neuvonut teitä itsekutakin" (Ap. t. 20:31).

Paavalin kaltaiset ihmiset murehtivat ja huolehtivat kun uskovat eivät seiso vakaasti Jumalan sanassa tai kun kirkko ei elä Jumalan kirkkaudessa.

He eivät myöskään murehdi itsestään kun heitä vainotaan Herran nimessä. Nähdessään kuinka maailma muuttuu entistäkin synkemmäksi he surevat ja rukoilevat että Jumalan kirkkaus tulisi esiin entistäkin enemmän jotta yhä useampi sielu voisi pelastua.

Hengellisen rakkauden tarve surra hengellisesti

Mitä meidän tulisi tehdä voidaksemme tehdä niin kuin Jumala haluaa ja surra hengellisesti? Voidaksemme surra hengellisesti meidän tulee ennen kaikkea omata hengellistä rakkautta.

Joh. 6:63 kuuluu: *"Henki on se, joka eläväksi tekee; ei liha mitään hyödytä. Ne sanat, jotka minä olen teille puhunut, ovat henki ja ovat elämä."* Vain Jumalan tunnustama rakkaus antaa siis elämää ja pystyy johdattamaan ihmisiä pelastuksen tielle. Henkilön rakkaus on vain lihallista rakkautta jos se on kaukana totuudesta, oli sitä sitten kuinka paljon tahansa.

Rakkaus voidaan jakaa hengelliseen rakkauteen ja lihalliseen rakkauteen. Lihallinen rakkaus ajaa omaa etuaan. Se on merkityksetöntä rakkautta joka lopulta muuttuu ja kuolee. Hengellinen rakkaus taas ei muutu koskaan. Tämän on Jumalan sanan mukaista, itse totuuden mukaista, rakkautta. Se on aitoa rakkautta joka etsii muiden etua itseään uhraten.

Hengellistä rakkautta ei voi saada omin voimin. Me voimme saada tämän rakkauden vasta sitten kun me ymmärrämme Jumalan rakkautta ja asumme totuudessa. Hengellinen rakkaus on rakkautta joka rakastaa jopa vihamiehiäkin ja antaa oman elämänsä toisten puolesta, ja Jumala siunaa meitä runsaasti jos me omaamme tämänkaltaista rakkautta. Tämän rakkauden avulla me voimme antaa elämää joka paikkaan mihin me menemme ja useat ihmiset tulevat palaamaan takaisin Herran luokse.

Me voimme siis surra kuolevien sielujen puolesta ja rukoilla heidän puolestaan kun me kannamme hengellistä rakkautta sydämessämme. Tämänkaltaisen rakkauden avulla jopa kovettuneen sydämen omaavat ihmiset muuttuvat ja me voimme antaa ihmisille elämää ja uskoa.

Jumalan rakastamilla uskon patriarkoilla oli tämänkaltaista rakkautta, ja he rukoilivat tuhon tiellä olevien sielujen puolesta. He rukoilivat kyynelehtien ja surren Jumalan kuningaskunnan ja vanhurskauden puolesta. He eivät vain vuodattaneet kyyneleitä vaan myös huolehtivat muista sieluista päivin ja öin, ollen uskollisia heille annettujen velvollisuuksien suhteen.

Sureminen on hengellistä vasta sitten kun sitä seuraavat sanan saarnaamisen teot, rukous sekä sieluista rakastaen huolehtiminen. Jos meillä on hengellistä rakkautta me suremme myös hengellisesti Jumalan kuningaskunnan ja Hänen vanhurskautensa puolesta.

Matteus 6:33 sanoo: *"Vaan etsikää ensin Jumalan valtakuntaa ja hänen vanhurskauttansa, niin myös kaikki tämä teille annetaan."* Tällöin sekä henki että sielu muuttuvat, Jumalan valtajunta käy toteen ja Jumala antaa meille ylitsevuotavaisesti kaikkea tarvitsemaamme.

Murehtiville annetut siunaukset

Matteus 5:4 sanoo: *"Autuaita ovat murheelliset, sillä he saavat lohdutuksen."* Jumala lohduttaa meitä jos me suremme hengellisesti.

Jumalan antama lohtu ei ole samanlaista kuin ihmisten tarjoama lohtu. 1. Joh. 3:18 sanoo: *"Lapsukaiset, älkäämme rakastako sanalla tai kielellä, vaan teossa ja totuudessa."* Sanojensa mukaisesti Jumala ei lohduta meitä ainoastaan sanoilla vaan myös materiaalisilla asioilla. Köyhille Jumala antaa taloudellisia siunauksia. Sairauksista kärsiville Hän antaa terveyttä. Sydämensä toiveiden puolesta rukoileville Jumala antaa vastauksia.

Jumala antaa myös voimia niille jotka rukoilevat sen tähden ettei heillä ole tarpeeksi voimia velvollisuuksiensa täyttämiseen. Sielujen puolesta murehtiville Jumala antaa evankelioimisen ja herätyksen hedelmän. Jumala myös siunaa heitä antamalla ihmisten tehdä Hänen mahtavia ja voimallisia tekojaan sen mukaan kuinka he ovat heittäneet syntinsä pois ja tulleet pyhitetyiksi kuten Hän teki apostoli Paavalin tapauksessa.

Muutama vuosi sitten minä kohtasin vaikean ajanjakson jonka aikana tämän kirkon olemassaolokin oli uhattuna. Minä surin paljon kirkolle koettelemuksia aiheuttaneiden jäsenten tähden sekä kaikkien viattomina vainottujen tähden. Minä en pystynyt nukkumaan tai syömään heikon uskon omanneiden ja kirkosta lähteneiden jäsenten tähden.

Minä tiesin kuinka suurta syntiä on häiritä Jumalan kirkkoa, ja tämän tähden minä vuodatin useita kyyneleitä kirkolle harmia aiheuttaneiden sielujen puolesta. Minä murehdin erityisen paljon nähdessäni kuinka jotkut sielut kuulivat valheellisia huhuja ja sitten jättivät kirkon ja vastustivat Jumalaa, sillä minusta tuntui että minä en ollut pitänyt heistä tarpeeksi hyvää huolta. Minun painoni laski paljon ja käveleminenkin oli minulle hyvin vaikeaa. Minun täytyi silti saarnata kolme kertaa viikossa. Joskus minun kehoni vapisi mutta minun täytyi pysyä paikoillani kirkonjäsenistä tuntemani huolen tähden. Jumala näki minun sydämeni ja lohdutti minua aina kun minä rukoilin. Hän sanoi: "Minä rakastan sinua. Tämä on siunaus."

Jumalan lohdutuksen siunaus

Oikean hetken koittaessa Jumala ratkaisi jokaisen väärinkäsityksen yksi kerrallaan. Kirkkomme jäsenille tämä oli tilaisuus kasvattaa uskoaan. Jumala alkoi näyttää meille sellaisia ihmeellisiä tekoja voimallaan, ettei niitä voida verrata mihinkään aikaisempaan. Hän näytti meille lukemattomia merkkejä, ihmeitä ja ihmeellisiä asioita.

Hän pelasti kirkon romahdukselta ja antoi meille kirkon virkoamisen siunauksen. Hän myös avasi maailman lähetyksen oven apposelleen. Hän lähetti satoja, tuhansia ja sitten miljoonia ihmisiä ottamaan osaa ulkomaisiin ristiretkiin joissa ihmiset kerääntyivät kuulemaan evankeliumia ja saamaan osakseen pelastuksen. Kuinka suuri palkkio ja ilo tämä olikaan!

'2002 India Miracle Healin Prayer festival' järjestettiin maailman toiseksi pisimmällä rannalla, Marina Beachilla.

Arvioiden mukaan siihen otti osaa yli kolme miljoonaa ihmistä. Monet heistä parantuivat ja lukemattomat hindut tulivat uskoon.

Me emme voi edes kuvitella minkälaisissa siunausten muodossa Jumalan armo meitä kohtaa. Hän antaa meille mitä me tarvitsemme eniten, ja Hän antaa sitä enemmän kuin mitä me tarvitsemme. Hän myös palkitsee meidät taivaallisessa kuningaskunnassa, mikä on todellinen siunaus.

Ilmestyskirja 21:4 sanoo: *"Ja hän on pyyhkivä pois kaikki kyyneleet heidän silmistänsä, eikä kuolemaa ole enää oleva, eikä murhetta eikä parkua eikä kipua ole enää oleva, sillä kaikki entinen on mennyt."* Jumala palkitsee meidät kirkkaudella palkinnoilla taivaassa, jossa ei ole kyyneleitä, surua tai kipua.

Jatkuvasti surevien ja Jumalan kuningaskunnan ja Hänen kirkkonsa puolesta rukoilevien taivaalliset talot ovat täynnä kultaa, erilaisia jalokiviä ja muita palkintoja. Niissä on lisäksi erityisiä suuria, hohtavia helmiä. Osterin täytyy kärsiä suurta tuskaa ja ärsytystä pitkän aikaa ja erittää kristallista ainesta kunnes helmen valmistus on saatu päätökseen. Se uhraa siis itsensä muodostaakseen tämän helmen.

Jumala lohduttaa meitä helmellä tämän prosessin symboliksi jos me vuodatamme kyyneleitä muuttuaksemme ja jos me suremme rukoillen Jumalan valtakunnan ja muiden sielujen puolesta ollessamme tämän maan päällä kasvatettavina.

Meidän ei siis tule surra lihallisella tavalla vaan hengellisesti ja ainoastaan Jumalan valtakunnan ja muiden sielujen tähden. Tekemällä näin Jumala lohduttaa meitä ja me saamme palkkioita myös taivaallisessa kuningaskunnassa.

Luku 3
Kolmas siunaus

Autuaita ovat hiljaiset, sillä he saavat maan periä

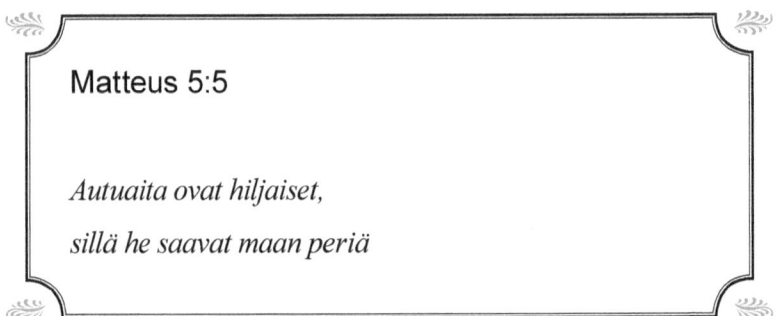

Matteus 5:5

Autuaita ovat hiljaiset,
sillä he saavat maan periä

Lincolnin ollessa vielä pelkkä tuntematon asianajaja eräs toinen asianajaja nimeltään Edwin M. Stanton poti häntä kohtaan antipatiaa. Kerran kun Stantonille ilmoitettiin että hänen täytyi työskennellä Lincolnin kanssa hän paiskasi oven kiinni ja lähti pois.

"Kuinka minun kuvitellaan tekevän työtä tämän maalaisasianajajan kanssa?"

Kun presidentiksi valittu Lincoln myöhemmin valitsi miehiä hallitukseensa hän nimitti Stantonin yhdysvaltojen 27. puolustusministeriksi. Lincolnin neuvonantajat olivat tästä yllättyneitä ja he pyysivät häntä vielä harkitsemaan nimitystä. Tämä johtui siitä että Stanton oli kerran arvostellut Lincolnia julkisesti, sanoen että tämän valitseminen oli 'kansallinen katastrofi.'

"Mitä väliä sillä on että hän halveksuu minua? Hän on hyvin vastuuntuntoinen ja hän pystyy ratkomaan vaikeitakin tilanteita. Hän on enemmän kuin pätevä puolustusministeriksi."

Lincolnilla oli suuri ja nöyrä sydän. Hän pystyi hyväksymään ja ymmärtämään jopa häntä arvostelevia ihmisiä. Lopulta Stanton alkoi kunnioittaa häntä ja kuollessaan hän puhui Lincolnista seuraavasti: "...Hän [Lincoln] oli täydellisin hallitsija mitä maailmassa on koskaan ollut."

Sen sijaan että me emme pitäisi tai että me välttäisimme henkilöä joka ei pidä meidänkin tulisi samalla muuttaa hänet ja tuoda esiin hänen hyvät puolensa. Tämä kertoo hyvästä ja nöyrästä sydämestä.

Jumalan tunnustama hengellinen lempeys

Yleensä ihmiset nimittävät lempeydeksi sisäänpäin kääntymistä, nöyryyttä, arkuutta tai lempeän ja pehmeän luonteen omaamista. Jumalalle aidosti lempeät ovat kuitenkin niitä jotka ovat lempeitä hyveiden kanssa. Tässä 'hyve' tarkoittaa 'asioita jotka ovat oikein, kunnollisia ja nuhteettomia.' Jumalan silmissä hyveellisyys tarkoittaa käyttäytymistä puhtaasti muiden hallitsemisessa, arvokkuutta, sekä varustautuneena olemista kaikkien osa-alueiden suhteen.

Lempeys ja hyveellisyys vaikuttavat samanlaisilta mutta niiden välillä on kuitenkin selvä ero. Lempeys on enemmän sisäänpäin kääntyvää kun taas hyveellisyys on kuin yllä pidettävä vaate. Vaatteitta kulkeminen tuhoaa henkilön arvokkuuden ja eleganssin vaikka henkilö itse olisikin suuri ja arvostettu henkilö. Samalla tavalla me emme voi olla täydellisiä jos meidän lempeytemme ei ole hyveellisyyden tukemaa. Myös hyveellisyys on täysin arvotonta jos meillä ei ole sisällämme lempeyttä. Tämä on kuin täysin tyhjä pähkinänkuori.

Jumalan tunnustama hengellinen lempeys ei ole pelkästään lempeän luonteen omaamista vaan myös hyveellisyyttä. Tällöin me voimme omata suuren sydämen jolla me voimme hyväksyä monet ihmiset niin kuin puu joka antaa varjoa jossa levätä.

Jeesus oli lempeä, eikä Hän sen tähden riidellyt tai huutanut eikä Hänen äänensä kaikunut kaduilla. Hän kohteli hyviä ja pahoja ihmisiä samalla sydämellä, ja niin monet ihmiset seurasivat Häntä.

Hyve jolla hyväksyä monia ihmisiä

Korean historiasta löytyy eräs luonteeltaan lempeä kuningas. Hänen nimensä oli Sejong Suuri. Hän ei ollut ainoastaan lempeä vaan myös hyveellinen. Sekä hänen ministerinsä että hänen kansansa rakastivat häntä. Tuohon aikaan eli myös suuria oppineita, kuten Hwan Hee ja Maeng Sa Sung. Hänen suurin saavutuksensa oli Hang-gul, korealaisten aakkosten kehittäminen. Hän uudisti terveydenhuoltosysteemiä sekä eri metallien luokittelun. Hän nimitti monia erilaisia ihmisiä eri osa-alueille, kuten esimerkiksi musiikin ja tieteen saralle. Hän myös saavutti loistavia kulttuurillisia saavutuksia. Tästä näkyy että jos ihminen on hyveellinen, monet ihmiset voivat luottaa häneen ja hän tuottaa kauniita hedelmiä.

Lempeät ihmiset voivat hyväksyä ihmisiä joilla on erilaisia ideoita ja koulutuksia. He eivät tuomitse tai arvostele pahuudella mitään asiaa. He näkevät toisen osapuolen näkökannan kaikissa asioissa. Heidän sydämiään voidaan kuvata pehmeiksi ja niin mukaviksi että ne voivat tarjota muillekin nöyryyttä.

Me aiheutamme kovan äänen jos me heitämme kiven metallia vasten. Lasi taas särkyy jos me heitämme sitä kivellä. Jos me kuitenkin heitämme kiven pumpuliin, se ei aiheuta mitään ääntä tai riko mitään, sillä pumpuli ottaa kiven vastaan pehmeästi.

Samalla tavalla lempeä ihminen ei hylkää edes niitä joiden

usko on heikko ja jotka toimivat pahuuden mukaisesti. Hän vain odottaa loppuun saakka että nämä ihmiset muuttuisivat ja ohjaa heitä toimimaan hyvyydessä. Hänen sanansa eivät ole kovaäänisiä tai satuttavia, vaan lempeitä ja pehmeitä. Hän lausuu vain tarpeellisia totuuden sanoja, ei merkityksettömiä sellaisia. Hän ei myöskään loukkaannu tai kanna kaunaa häntä vihaavia ihmisiä kohtaan. Hän hyväksyy neuvot ja torut ilomielin parantaakseen itseään. Tämänkaltaisella ihmisellä ei ole ongelmia muiden ihmisten kanssa. Hän ymmärtää muiden ihmisten vikoja ja hyväksyy heidät niistä huolimatta, voittaen näin puolelleen monia sydämiä.

Jalosta sydäntä ja tee siitä hyvä maaperä

Meidän täytyy jalostaa sydämemme peltoa tunnollisesti saadaksemme hengellistä nöyryyttä. Matteuksen luvussa 13 Jeesus kertoi neljästä eri maaperästä kertovan vertauskuvan, verraten niitä ihmisen sydämeen.

Tien penkere on kovaksi tallautunutta maata, ja mikään sille pudonnut siemen ei pysty versomaan tai juurtumaan. Tämänkaltaisessa sydämessä ei ole uskoa edes Jumalan sanan kuuntelemisen jälkeen. Tämänkaltaisen sydämen omaava ihminen on uppiniskainen, eikä hän avaa sydäntään edes sen jälkeen kun hän on kuullut totuuden. Täten hän ei voi kohdata Jumalaa. Hän on pelkkä kirkossakävijä jos hän käy kirkossa.

Häneen ei ole istutettu sanaa, ja siten hänen uskonsa ei voi versota, juurtua tai kasvaa.

Kallioperä saattaa sallia siemenen versomisen mutta tästä ei voi kasvaa satoa kivisyyden tähden. Tämänkaltaisen sydämen omaavalla ihmisellä ei ole uskon varmuutta edes sanan kuuntelemisen jälkeen. Tullessaan koetelluksi hän epäonnistuu ja lankeaa. Hän tuntee Jumalan ja saa osakseen Hengen täyteyden niin että hän on tien pengertä parempi. Hänen sydäntään ei ole kuitenkaan jalostettu totuudella, ja niin se kuihtuu ja kuolee, eivätkä teot seuraa jalostusta.

Orjantappuroiden joukossa siemenet voivat kyllä versoa ja kasvaa, mutta piikkien tähden ne eivät pysty kantamaan hedelmää. Tämänkaltaisen sydämen omaavalla ihmisellä on haluja, rahanahneutta, tätä maailmaa koskevia murheita sekä omia suunnitelmiaan ja ajatuksiaan. Täten hän ei voi kokea kaikessa Jumalan voimaa.

Hyvässä maaperässä siemenet voivat kasvaa ja kantaa hedelmiä 30, 60 tai jopa 100 kertaisesti. Tämänkaltaisen sydämen omaava ihminen noudattaa kuulemaansa Jumalan sanaa sanomalla vain "Aamen" tai "Kyllä", niin että hän voi kantaa runsaasti hedelmää kaikissa asioissa. Jumala haluaa tämänkaltaista hyvyyden sydäntä.

Tarkistakaamme minkälaisen sydämen me omaamme. On

tietenkin vaikeaa erotella erilaisten sydänten välillä ikään kuin vaa'an avulla omaammeko me tien penkereen, kallioisen maan, orjantappuroiden vai hyvän maan kaltaisen sydämen. Tien penkereen kaltaisessa sydämessä voi olla myös hieman kallioisen sydämen piirteitä, ja vaikka me omaisimmekin hyvän sydämen siihen voi silti ilmestyä kivien kaltaisia epätotuuksia kasvaessamme. Me voimme kuitenkin luoda hyvää maaperää siitä huolimatta minkälaisesta maaperästä me lähdemme liikkeelle jos me vain jalostamme sitä tunnollisesti. Tärkeintä ei myöskään ole se, minkälaisen sydämen me omaamme, vaan se, kuinka tunnollisesti me yritämme jalostaa sitä.

Maanviljelijät keräävät kiviä, kiskovat rikkaruohoja ja levittävät lannoitteita tehdäkseen maasta parempaa hyvien satojen toiveessa. Samalla tavalla mekin voimme omata hyvän maaperän kaltaisen sydämen jossa on runsaasti hyvyyttä ja joka on luonteeltaan lempeä jos me vain poistamme siitä kaikki vihan, kateuden, mustasukkaisuuden, riidanhalun, tuomitsemisen ja arvostelun kaltaiset pahuuden muodot.

Rukoile uskossa loppuun saakka ja heitä pahuus pois

Jalostaaksemme sydäntämme meidän pitää ensinnäkin palvoa hengessä ja totuudessa voidaksemme kuulla ja ymmärtää sanaa. Meidän täytyy myös iloita aina jopa vaikeuksien keskellä sekä rukoilla jatkuvasti ja antaa kiitosta kaikissa olosuhteissa samalla kun me teemme parhaamme heittääksemme kaiken pahuuden pois sydämestämme.

Me saamme Jumalan armon ja voimaa sekä Pyhän Hengen apua heittääksemme pahan nopeasti pois jos me vain pyydämme Jumalalta apua palavasti rukoillen ja yritämme elää sanan mukaan. Maaperän hyvästä laadusta huolimatta me emme voi korjata satoa jos me emme kylvä siemeniä tai huolehdi niiden kasvusta. On siis tärkeää että me emme vain kokeile kerran tai kaksi ja sitten lopeta, vaan että me rukoilemme uskossa loppuun saakka. Usko on toiveiden materialisoitumista, ja siten meidän täytyy yrittää uskollisesti ja rukoilla uskossa (Hepr. 11:1). Vasta sitten me voimme korjata runsaan sadon.

Heittäessämme pahuuden olomuotoja pois sydämestämme me voimme tulla vaiheeseen jossa meistä tuntuu että vaikka me olemme heittäneet osan pahasta pois se vain tulee koko ajan takaisin. Tämä saattaa tuntua kuin sipulin kuorimiselta. Sipulin kuori näyttää samalta vaikka siitä olisi jo kuorittu pari kerrosta pois. Lopulta me kuitenkin saavutamme pahuudesta vapaan ja nöyrän sydämen jos me emme anna periksi vaan jatkamme pahuuden poisheittämistä loppuun saakka.

Mooseksen lempeys

Mooses kohtasi monia hankalia tilanteita niiden 40 exoduksen vuoden aikana jona hän johti Israelin kansaa Kanaanin maahan.

Pelkästään aikuisia miehiä oli 600 000, joten lapset ja naiset mukaan luettuna väkijoukon koon on täytynyt olla yli kaksi miljoonaa ihmistä. Hänen täytyi opastaa näin suurta joukkoa 40 vuoden ajan erämaassa missä ei ollut vettä tai ruokaa. Me voimme vain kuvitella kuinka monia vaikeita esteitä hänen onkaan täytynyt ylittää.

Egyptin armeija oli heidän kintereillään (Exodus 14:9) ja Punainen meri oli heidän edessään. Jumala kuitenkin halkaisi Punaisen meren niin että he saattoivat ylittää sen kuin kuivan maan (Exodus 14:21-22).

Kun kansalla ei ollut ollenkaan vettä juotavaksi Jumala antoi veden virrata kalliosta (Exodus 17:6). Jumala muutti myös kitkerän veden makeaksi (Exodus 15:23-25). Kun kansalta puuttui ruokaa Jumala lähetti heille mannaa ja viiriäisiä heidät ruokkiakseen (Exodus 14-17).

Israelilaiset kuitenkin valittivat Mooseksesta joka kerta kun he kohtasivat vaikeuksia siitä huolimatta että he olivat todistaneet elävän Jumalan voimia.

"Ja israelilaiset sanoivat heille: 'Jospa olisimme saaneet surmamme Herran kädestä Egyptin maassa, jossa istuimme lihapatain ääressä ja leipää oli kyllin syödäksemme! Mutta te olette tuoneet meidät tähän erämaahan antaaksenne koko tämän joukon kuolla nälkään'" (Exodus 16:3).

"Mutta kansalla oli siellä jano, ja he napisivat yhä

Moosesta vastaan ja sanoivat: 'Minkätähden olet tuonut meidät Egyptistä, antaaksesi meidän ja meidän lastemme ja karjamme kuolla janoon?'" (Exodus 17:3).

"Ja te napisitte teltoissanne ja sanoitte: 'Sentähden että Herra vihaa meitä, vei hän meidät pois Egyptin maasta, antaakseen meidät amorilaisten käsiin ja tuhotakseen meidät....'" (5. Moos. 1:27).

Eräät yrittivät jopa kivittää Mooseksen. Mooseksen täytyi olla tämänkaltaisten ihmisten kanssa 40 vuoden ajan, opettaen heitä totuudella ja johdattaen heitä Kanaanin maahan. Pelkästään tästä me näemme kuinka nöyrä hän onkaan ollut.

Tämän tähden Jumala ylisti häntä neljännessä Mooseksen kirjassa, sanoen kohdassa 12:3 näin: *"Mutta Mooses oli sangen nöyrä mies, nöyrempi kuin kukaan muu ihminen maan päällä."*
Mooses ei kuitenkaan ollut näin nöyrä alusta alkaen. Hän oli niin kiivasluonteinen että hän tappoi erään heprealaista ahdistelleen egyptiläisen miehen. Hän oli myös hyvin itsevarma ollessaan Egyptin prinssi. Hän kuitenkin nöyrtyi ja alensi itsensä täysin paimentaessaan laumoja Midianin erämaassa 40 vuoden ajan.

Mooseksen täytyi jättää faaraon palatsi ja alkaa lainsuojattomaksi sen jälkeen kun hän oli tappanut tämän egyptiläisen. Erämaassa eläessään hän lopulta ymmärsi ettei hän pystynyt tekemään mitään omin voiminensa. Tämän jalostuksen jälkeen hänestä tuli kuitenkin niin lempeä ihminen että hän pystyi hyväksymään jokaisen.

Lihallisen ja hengellisen lempeyden välinen ero

Yleensä lihallisesti nöyrät ihmiset ovat hiljaisia ja arkoja. He eivät pidä kovista äänistä tai metelistä. He ovat siis hieman päättämättömiä jopa epätotuuksien kanssa. Kohdatessaan epämukavia tilanteita he saattavat vaimentaa sen sisällään mutta silti kärsiä sydämessään. Kun tilanne ylittää heidän sietokykynsä he saattavat monien ihmisten yllätykseksi räjähtää. Heillä ei ole myöskään ole intohimoa uskollisuuteen joten he eivät myöskään kanna velvollisuuksissaan hedelmää.

Jumala ei iloitse tämänkaltaisesta arasta ja sisäänpäin kääntyvästä luonteesta, sillä se ei ole Häntä miellyttävän nöyryyden kaltaista. Ihmisten mielestä tämä saattaa olla nöyryyttä, mutta sydämet tutkivan Jumalan mielestä tällaisen luonteen ei voida sanoa olevan nöyriä.

Hyvä maaperä antaa runsaan sadon, ja samalla tavalla hengellisen nöyryyden saavuttaneet ihmiset jotka ovat heittäneet kaiken epätotuuden pois sydämestään kantavat runsaasti hedelmiä evankelioimisen ja herätyksen saroilla.

Hengellisesti he kantavat myös kirkkauden hedelmää (Ef.

5:9), hengellisen rakkauden hedelmiä (1. Kor. 13:4-7) sekä Pyhän Hengen hedelmää (Gal. 5:22-23). Näin heistä tulee hengen ihmisiä jotka saavat rukouksiinsa nopeasti vastauksia. Hengellisesti lempeät ovat ennen kaikkea totuudessa vahvoja ja urheita. He voivat olla opetuksissaan ankaria kun he opettavat totuudella. He omaavat tarpeeksi rohkeutta ja voimaa toruakseen ja opastaakseen rakkaudella ketä tahansa nähdessään kuinka sielut tekevät syntiä Jumalan edessä.

Jeesus on esimerkiksi kaikista lempein mutta nähdessään että ihmiset toimivat tavalla joka ei ollut totuuden mukaista Hän torui heitä ankarasti. Hän ei sietänyt Jumalan temppelin tahraamista.

"Niin hän tapasi pyhäkössä ne, jotka myivät härkiä ja lampaita ja kyyhkysiä, ja rahanvaihtajat istumassa. Ja hän teki nuorista ruoskan ja ajoi ulos pyhäköstä heidät kaikki lampaineen ja härkineen ja kaasi vaihtajain rahat maahan ja työnsi heidän pöytänsä kumoon. Ja hän sanoi kyyhkysten myyjille: 'Viekää pois nämä täältä. Älkää tehkö minun Isäni huonetta markkinahuoneeksi'" (Joh. 2:14-16).

Hän myös torui fariseuksia ja kirjanoppineita jotka opettivat epätotuutta joka soti Jumalan sanaa vastaan (Matteus 12:34; 23:13-35; Luukas 11:42-44).

Hengellisen lempeyden taso

Meidän tulee tietää että on olemassa hengellisen rakkauden lempeyttä niinkuin 1. Korinttolaiskirjeen luvussa 13 sekä myös Galatalaiskirjeen viidennen luvussa mainittuihin Pyhän Hengen yhdeksään hedelmään kuuluvaa hengellistä lempeyttä.

Kuinka nämä sitten eroavat hyveiden lempeydestä? Nämä kolme asiaa eivät ole tietenkään täysin erilaisia toisistaan. Näiden perusmerkitys tarkoittaa sitä että henkilö on hellä ja pehmeä rakkautta ja hyveellisyyttä omaten. Näiden jokaisen syvyys ja leveys ovat kuitenkin erilaisia.

Hengellisen rakkauden lempeys on lempeyden perimmäisin muoto jolla saavutetaan rakkaus. Pyhän Hengen yhdeksän hedelmän merkitys on laajempi; se tarkoittaa lempeyttä kaikissa asioissa.

Hengen hedelmien lempeys on lempeyttä joka syntyy sydämen hedelmänä. Tämä on hyveellistä lempeyttä ja se tuo mukanaan siunauksia kun sen mukaan toimitaan.

Me voimme kutsua sitä "Pyhän Hengen hedelmäksi" kun meillä on runsaasti kauniista puun hedelmiä, mutta kun me käytämme näitä hedelmiä kehon hyväksi, on kyseessä hyveellisyyden hedelmä. Joten me voimme sanoa että lempeyden hyve on korkeimman tason hyve.

Hengellisesti lempeille annettavat siunaukset

Matteus 5:5 kuuluu seuraavasti: *"Autuaita ovat hiljaiset, sillä he saavat maan periä."* Me saamme siis periä maan jos me olemme hengellisesti lempeitä.

Tässä 'maan periminen' ei tarkoita sitä että me saisimme maata tämän maan päällä, vaan sitä että me saamme maata taivaan ikuisesta kuningaskunnasta (Psalmi 37:29).

Periminen tarkoittaa omaisuuden, luonteenpiirteen tai jonkinlaisen tilan saamista aikaisemmilta sukupolvilta. Yleensä toiset ihmiset tunnustavat enemmän perityn omaisuuden kuin rahalla ostettuja.

Kaikki naapurit esimerkiksi ovat tietoisia asiasta jos henkilö omistaa maapalan joka on pysynyt hänen suvussaan sukupolvelta toiselle. Perhe pitää tätä arvokkaana asiana ja antaa sen jälkipolvilleen. Täten periminen tarkoittaa sitä että me saamme maan takuuvarmasti.

Miksi Jumala sitten antaa taivaallisesta kuningaskunnasta maata hengellisesti lempeille? Psalmi 37:11 sanoo: *"Mutta nöyrät perivät maan ja iloitsevat suuresta rauhasta."* Kuten sanottua, lempeät ihmiset ovat hyveellisiä ja hyväksyvät monet.

Kun henkilö voittaa puolelleen monen sydämet se tekee hänestä hengellisen auktoriteetin. Hän saa paljon valtaa jopa taivaallisessa kuningaskunnassa. Täten hän saa luonnollisesti periä paljon maata.

Hengellinen valta periä maata taivaallisesta kuningaskunnasta

Tässä maailmassa henkilö voi saada valtaa ja voimaa vasta sitten kun hänellä on jo vaurautta ja mainetta, mutta taivaallisessa kuningaskunnassa hengellinen valta annetaan kuitenkin niille jotka ovat nöyrtäneet itsensä ja palvelleet muita.

Matteus 20:26-28 sanoo: *"Näin älköön olko teillä keskenänne, vaan joka teidän keskuudessanne tahtoo suureksi tulla, se olkoon teidän palvelijanne, ja joka teidän keskuudessanne tahtoo olla ensimmäinen, se olkoon teidän orjanne; niinkuin ei Ihmisen Poikakaan tullut palveltavaksi, vaan palvelemaan ja antamaan henkensä lunnaiksi monen."*

Matteus 18:3-4 taas sanoo: *"Totisesti minä sanon teille: ellette käänny ja tule lasten kaltaisiksi, ette pääse taivasten valtakuntaan. Sentähden, joka nöyrtyy tämän lapsen kaltaiseksi, se on suurin taivasten valtakunnassa."*

Meidän sydämemme nöyrtyvät kaikista alhaisimmalle tasolle jos meistä tulee Jumalan lapsia. Näin me voimme voittaa monen ihmiset sydämet puolellemme ja meistä tulee taivaassa suuria ihmisiä.

Jumala antaa henkilölle suuria maa-alueita taivaasta sen mukaan kuinka paljon tämä on hyväksynyt ihmisten sydämiä hengellisellä lempeydellä. Näillä mailla tämä henkilö voi nauttia valaastaan ikuisesti. Kuinka suuria ja ihmeellisiä taloja voidaan rakentaa jos me emme saa taivaasta suuria maa-alueita? Kuvittele, että me olemme tehneet paljon Jumalan työtä ja keränneet paljon materiaaleja taivaallisen talon rakentamiseen. Me emme voi kuitenkaan rakentaa suurta taloa jos meillä on vain pieni tontti.

Täten Uuteen Jerusalemiin meneville annetaan suuria maa-alueita sillä he ovat saavuttaneet täydellisen hengellisen lempeyden. Heidän maansa ovat suuria, ja siten myös heidän talonsa tulevat olemaan suuria. Jokaiseen taloon kuuluu myös sen mukaisia luonnontiloja, kuten kauniisti pidettyjä puutarhoja, järviä, laaksoja ja kukkuloita. Taloihin kuuluu myös muita piirteitä, kuten uima-altaita, leikkipuistoja, juhlasaleja ja muita vastaavia. Näin Jumala pitää huolta talon omistajasta ja ohjaa häntä kutsumaan luokseen niitä, joita hän on ohjannut ja auttanut kasvamaan hengessä, jotta he voisivat yhdessä jakaa rakkautta ikuisesti.

Jopa tänäkin päivänä Jumala huolehtii tunnollisesti lempeistä ihmisistä. Tämä tarkoittaa sitä että Hän antaa heille velvollisuudeksi huolehtia mahdollisimman monesta sielusta ja johdattaa heidät totuuden luokse, ja palkkioksi tästä Hän antaa heille suuria maa-alueita perinnöksi taivaan ikuisesta kuningaskunnasta. Meidän tulee siis tunnollisesti saavuttaa pyhittyminen sekä sydämen lempeys jotta me voimme periä taivaan kuningaskunnan suuret maat.

Luku 4
Neljäs siunaus

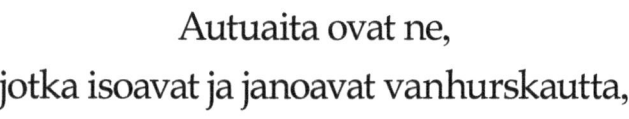

**Autuaita ovat ne,
jotka isoavat ja janoavat vanhurskautta,
sillä heidät ravitaan**

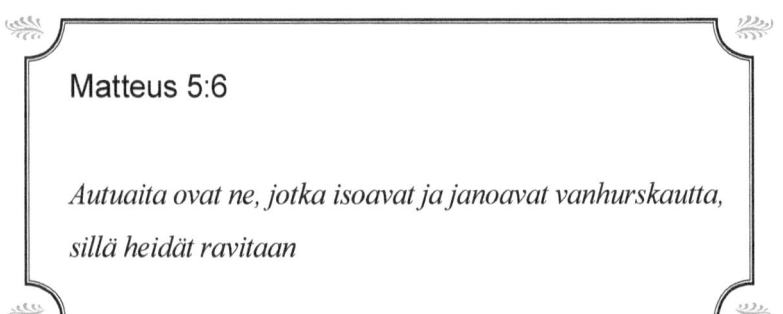

Matteus 5:6

Autuaita ovat ne, jotka isoavat ja janoavat vanhurskautta, sillä heidät ravitaan

Korealainen sananlasku sanoo, että miehestä tulee varas jos hän ei syö kolmeen päivään. Tämä kertoo meille kuinka kivuliasta nälkä on. Vahvinkaan mies ei voi tehdä mitään jos hän on nälkäinen.

Parin aterian väliin jättäminen ei ole helppoa, joten kuvittele, miltä tuntuisi jos sinä et pystyisi syömään kahteen, kolmeen päivään.

Ensiksi sinä tunnet olosi nälkäiseksi, mutta ajan kuluessa sinun vatsaasi alkaa särkeä ja sinun kehosi heikkenee. Tässä vaiheessa sinä alat himoita ruokaa. Sinä voit jopa kuolla jos et saa ruokaa.

Vielä tänäkin päivänä on paljon ihmisiä jotka kärsivät vakavasta nälästä, sotien aikana ihmiset voivat syödä jopa myrkyllisiä kasveja. Monet elävät päivästä päivään etsien syötävää roskatynnyreistä ja -kasoista.

Nälkääkin sietämättömämpää on kuitenkin jano. On yleistä tietoa että noin 70% ihmiskehosta on vettä. Jos me menetämme 2% kehomme nesteestä me tunnemme ankaraa janoa. Jos me menetämme 4% meidän kehomme on heikko ja me saatamme menettää tajuntamme. Me voimme jopa kuolla 10% menetyksen jälkeen.

Vesi on täysin välttämätöntä ihmiskeholle. Jano voi saada aikaan että aavikolla polttavan auringon alla matkaavat, janoiset matkamiehet seuraavat kangastuksia luullen niitä keitaiksi, menettäen näin henkensä.

Nälkä ja jano ovat aidosti kivuliaita asioita ja ne voivat jopa johtaa kuolemaan. Miksi Jumala sitten sanoo että vanhurskautta janoavat ja sitä isoavat, eli sen nälässä olevat, ovat siunattuja?

Vanhurskautta janoavat ja isoavat

Vanhurskaus on vanhurskaana olevaa kuvaava substantiivi, mikä tarkoitta jumalallisen tai moraalisen lain mukaan toimimista; synnistä tai syyllisyydestä vapaana olemista. Me näemme ympärillämme kuinka monet ihmiset uhraavat jopa elämänsäkin pitääkseen vääränlaisen vanhurskauden ystäviensä välissä. He myös vastustavat sosiaalisia epäkohtia vastaan väittäen uskonsa olevan hurskautta.

Jumalan vanhurskaus on kuitenkin jotakin erilaista. Se on Jumalan tahdon seuraamista ja Jumalan, joka on itse hyvyys ja totuus, sanan mukaan elämistä. Se viittaa jokaiseen askeleeseen joka meidän on otettava siihen saakka kunnes me olemme lopulta löytäneet Jumalan kadonneen kuvan ja tulleet pyhittyneeksi.

Vanhurskautta janoavat iloitsevat Jumalan laista ja tutkiskelevat sitä päivin ja öin kuten Psalmi 1:1-2 sanoo. Tämä johtuu siitä että Jumalan sana pitää sisällään Hänen tahtonsa ja se kertoo minkälaiset teot ovat hurskaita.

He myös kaipaavat Jumalan sanaa psalmin kirjoittajan tavoin ja nauttivat siitä öin ja päivin. He eivät vain säilö sanaa tietoutena, vaan myös soveltavat sitä elämäänsä.

"Minun silmäni hiueten halajavat sinun apuasi ja sinun vanhurskaita lupauksiasi" (Psalmi 119:123).

"Jo ennen aamun valkenemista minä huudan, sinun sanoihisi minä panen toivoni. Jo ennen yön vartiohetkiä minun silmäni tutkistelevat sinun puhettasi" (Psalmi 119:147-148).

Jos me todellakin tunnemme Jumalan rakkauden me kaipaamme Hänen sanaansa, janoten siten Hänen vanhurskauttaan. Tämä johtuu siitä että me ymmärrämme että Jumalan ainoa poika, tahraton ja syytön Jeesus, otti ristillä meidän häpeämme ja kärsimyksemme kantaakseen. Hän otti meidän häpeämme ja kärsimyksemme lunastaakseen meidät, syntiset, synneistämme sekä antaakseen meille ikuisen elämän.

Me emme voi muuta kuin elää Jumalan sanan mukaan jos me uskomme tähän ristin rakkauteen. Me mietimme, että: "Kuinka minä voin maksaa takaisin Herran rakkauden ja miellyttää Jumalaa? Kuinka minä voin tehdä mitä Jumala haluaa?" Me etsimme Jumalan tahtomaa vanhurskautta kuin virtaa etsivä peura.

Tällöin me noudatamme tunnollisesti sanaa, heitämme syntimme pois ja elämme totuuden mukaan.

Vanhurskautta janoavien teot

Jumalan voimalla minä parannuin useasta sairaudesta joita

nykylääketiede ei pystynyt parantamaan. Kohdattuani Jumalan tällä tavalla minä kaipasin minulle uuden elämän antanutta Jumalan sanaa. Kuullakseni ja ymmärtääkseni enemmän minä otin osaa jokaiseen herätyskokoukseen ja yritin kohdata Hänet läheisemmin.

"Minä rakastan niitä, jotka minua rakastavat, ja jotka minua varhain etsivät, ne löytävät minut" (Sananlaskut 8:17).

Minä yritin elää tunnollisesti sanan mukaan sen jälkeen kun minä ymmärsin Jumalan tahdon lepopäivästä pyhittämisestä ja kymmenysten antamisesta kertovia saarnoja kuultuani. Minä myös kuulin että me emme saa saapua Jumalan eteen tyhjin käsin (Exodus 23:15). Kiitollisuudessani minut parantanutta ja pelastanutta Jumalaa kohtaan minä janosin Hänen sanansa mukaan elämistä.

Jumalan vanhurskauden mukaisesti elämisen prosessin alkaessa minä ymmärsin kantavani vihaa sydämessäni. Sitten minä ajattelin: "Mikä minä olen kun minussa on kyky vihata toista ihmistä?"

Minussa oli vihaa kaikkia niitä kohtaan jotka olivat satuttaneet tunteitani niiden seitsemän vuoden aikana kun minä olin sairas. Minä kuitenkin rukoilin heittääkseni tämän vihan pois kun minä aloin ymmärtämään puolestani ristiinnaulitun ja verensä ja vetensä puolestani vuodattaneen Jeesuksen rakkauden.

"*Huuda minua avuksesi, niin minä vastaan sinulle ja ilmoitan sinulle suuria ja salattuja asioita, joita sinä et tiedä*" (Jeremia 33:3).

Minä rukoilin ja ajattelin asiaa muiden näkökulmasta, ja minä ymmärsin että he pystyivät toimimaan samalla tavalla omassa tilanteessaan. Minä ajattelin kuinka paljon heidän sydäntä onkaan täytynyt särkeä kun he näkivät oman toivottomuuteni minun sydämeni suli. Minä aloin rakastaa kaikenlaisia ihmisiä sydämeni pohjasta. Minä pidin myös mielessäni Raamatun kohdan joka sanoo että on tiettyjä asioita joita meidän täytyy tehdä, jättää tekemättä, pitää tai heittää pois. Minä aloin elää tämän mukaisesti. Minä kirjoitin vihkoon kaikki syntiset luonteenpiirteeni jotka minun oli heitettävä pois ja aloin heittää niitä pois rukouksen ja paaston avulla. Minä pyyhin nämä kohdat yli punaisella kynällä kun olin varma että oli heittänyt ne pois. Minulta kesti kolme vuotta pyyhkiä kaikki kirjoittamani kohdat yli.

1. Joh. 3:9 sanoo: "*Ei yksikään Jumalasta syntynyt tee syntiä, sillä Jumalan siemen pysyy hänessä; eikä hän saata syntiä tehdä, sillä hän on Jumalasta syntynyt.*" Meidän vanhurskautemme jano ja Jumalan sanan noudattaminen ja sen mukaan eläminen on todiste siitä että me kuulumme Jumalalle.

Syö Ihmisen Pojan lihaa ja juo Hänen vertaan

Mitä nälkäisen ja janoiset ihmiset kaipaavat eniten? He kaipaavat tietenkin ruokaa jota syödä ja juotavaa jolla tyydyttää janonsa. Tämä on heille kaikkia jalokiviäkin kallisarvoisempaa. Kaksi kauppamiestä astui aavikolla telttaan. He alkoivat hiljalleen kehuskella omistamillaan jalokivillä. Heitä tarkkaillut arabialainen paimentolainen alkoi kertoa heille tarinaansa. Paimentolainen oli aikaisemmin pitänyt jalokivistä erittäin paljon. Kulkiessaan aavikolla hän joutui hiekkamyrskyn alle. Hän ei pystynyt syömään useaan päivään ja hän oli täysin nääntynyt. Hän löysi laukun ja avasi sen. Se oli täynnä hänen ennen niin rakastamiaan helmiä.

Oliko hän onnellinen löytäessään näitä rakastamiaan helmiä? Tämä ei ilostuttanut häntä lainkaan vaan sai hänet vain epätoivoiseksi. Hän ei tarvinnut helmiä vaan vettä ja ruokaa. Mitä hyötyä on helmistä jos ihminen on kuolemassa nälkään?

Sama pätee myös henkeen. Jakeessa Joh. 6:55 Jeesus sanoi: *"Sillä minun lihani on totinen ruoka, ja minun vereni on totinen juoma."* Hän sanoi myös: *"Totisesti, totisesti minä sanon teille: ellette syö Ihmisen Pojan lihaa ja juo hänen vertansa, ei teillä ole elämää itsessänne"* (Joh. 6:53).

Henkemme siis kaipaa sitä että me saamme hengellisen elämän ja nautimme Jeesuksen lihan ja veren nauttimisen siunauksesta.

Tässä Ihmisen Pojan liha symboloi Jumalan sanaa. Hänen

lihansa syöminen tarkoittaa Raamatun 66 kirjaan kirjatun Jumalan sanan hyväksymistä ja sen mukaan elämistä. Jeesuksen veren juominen tarkoittaa uskossa rukoilemista ja sen mukaan elämistä siitä kuultuamme, luettuamme ja opittuamme.

Vanhurskautta janoavien kasvun prosessi

Ensimmäisen Johanneksen kirjeen toinen luku antaa meille yksityiskohtaisen kuvauksen uskossa kasvamisesta ja ikuisen elämän kiinnipitämisestä Ihmisen Pojan lihan ja veren nauttimisen kautta.

"Minä kirjoitan teille, lapsukaiset, sillä synnit ovat teille anteeksi annetut hänen nimensä tähden. Minä kirjoitan teille, isät, sillä te olette oppineet tuntemaan hänet, joka alusta on ollut. Minä kirjoitan teille, nuorukaiset, sillä te olette voittaneet sen, joka on paha. Minä olen kirjoittanut teille, lapsukaiset, sillä te olette oppineet tuntemaan Isän. Minä olen kirjoittanut teille, isät, sillä te olette oppineet tuntemaan hänet, joka alusta on ollut. Minä olen kirjoittanut teille, nuorukaiset, sillä te olette väkevät, ja Jumalan sana pysyy teissä, ja te olette voittaneet sen, joka on paha" (1. Joh. 2:12-14).

Ottaessaan Jeesuksen Kristuksen vastaan ihminen joka ei ole

aiemmin tuntenut Jumalaa saa syntinsä anteeksi ja Pyhän Hengen omakseen. Tämän lisäksi hän saa oikeuden olla Jumalan lapsi, mikä tarkoittaa sitä että hänestä on tullut vastasyntyneen lapsen kaltainen. Vauva kasvaa ja siitä tulee lapsi, ja tämän aikana se oppii Jumalan tahtoa yhä enemmän, samalla tavalla kuin se oppii tunnistamaan isänsä ja äitinsä yhä paremmin. Lapsi ei kuitenkaan pysty noudattamaan sanaa aivan täysin. Lapset rakastavat vanhempiaan, mutta niiden ajatukset eivät ole syviä eivätkä ne pysty ymmärtämään täysin vanhempiensa sydämiä.

Oltuaan tarpeeksi kauan hengellisenä lapsena henkilöstä kasvaa hengellinen nuorukainen joka on aseistanut itsensä sanalla ja rukouksella. Hän tietää mitä synti on ja opettelee Jumalan tahtoa. Nuoret aikuiset ovat energisiä ja he myös omaavat omia, usein vahvoja, mielipiteitä. He tekevät siis helposti virheitä mutta omaavat myös itseluottamusta ja sisäistä voimaa jolla saavuttaa määränpäänsä.

Hengen nuoruudessa ihmiset rakastavat Jumalaa ja omaavat vahvan uskon niin että heidän ei tarvitse turvautua maailman merkityksettömiin asioihin. He ovat täynnä henkeä, asettavat toivonsa taivaalliseen kuningaskuntaan ja kamppailevat syntiä vastaan sanaa kuunnellessaan.

Kasvaessaan kohti uskon isyyttä nämä nuorukaiset kypsyvät. Kokemustensa avulla he pystyvät ottamaan huomioon kaikki päätöksentekoprosessin kannat tehdäkseen kaikissa tilanteissa oikeita ratkaisuja. He ovat myös tarpeeksi viisaita laskeakseen päänsä aina silloin tällöin.

Monet sanovat että me voimme ymmärtää vanhempien sydämiä vasta sitten kun me saamme ja kasvatamme omia lapsiamme. Samalla tavalla me voimme ymmärtää Jumalan alkuperän vasta sitten kun me olemme uskon isiä ja me pystymme ymmärtämään Hänen johdatustaan ja omaamaan korkeamman tason uskoa.

Hengessä vanha ihminen on tasolla jossa hän pystyy ymmärtämään Jumalan alkuperän ja kaikki muut hengellisen maailman salaisuudet taivaan ja maan luomisen mukaan lukien. Hän ymmärtää Jumalan sydäntä ja Hänen tahtoaan, ja siten hän noudattaa Jumalan sydäntä ja saa Häneltä rakkautta ja siunauksia. Hän voi saada kaikenlaisia siunauksia terveyden, maineen, vallan, vaurauden ja lasten siunaukset mukaan lukien.

Hengen täyteyden siunaus

Synnyttyämme uudelleen Jumalan lapseksi me voimme kasvaa uskossa ja päästä hengellisen ulottuvuuden sisään sen mukaan kuinka paljon me nautimme totuuden ruokaa ja juomaa. Hengellisen ulottuvuuden syvyyden kasvaessa me voimme hallita paholais-vihollista ja Saatanaa ja me voimme myös ymmärtää Isä Jumalan sydäntä paremmin.

Me pystymme kommunikoimaan selvästi Jumalan kanssa ja

Pyhä Henki tulee ohjaamaan meitä kaikessa niin että me kukoistamme kaikessa mitä teemme. Jumalan kanssa Pyhän Hengen täyteyden kautta kommunikoimisen elämä on siunaus joka annetaan niille jotka janoavat ja kaipaavat vanhurskautta.

Matteus 5:6 sanoo: *"Autuaita ovat ne, jotka isoavat ja janoavat vanhurskautta, sillä heidät ravitaan."* Tämänkaltaisen tyydytyksen siunauksen saaneiden ihmisten ei siis tarvitse kohdata vaikeuksia tai koettelemuksia.

Vaikka mahdollisia esteitä ilmaantuisikin, Jumala huolehtii meistä niin että me voimme välttää ne Pyhän Hengen ohjauksella. Jumala auttaa meitä ilmoittamalla kuinka selviytyä kaikesta vaikka me kohtaisimmekin vaikeuksia. Meidän sielumme kukoistaa, ja siten kaikki on kohdallamme hyvin ja me olemme terveitä. Meitä ohjataan kohti kukoistusta kaikessa niin että meidän huulemme ovat täynnä todistusta.

Pyhän Hengen ohjatessa meitä tällä tavalla me saamme voimia joiden avulla me voimme ymmärtää helposti oman pahuutemme ja me voimme heittää syntimme pois. Tällöin me voimme kiiruhtaa kohti pyhittymistä. Kristillisessäkään elämässä ei ole aina helppoa löytää syvällä sydämiemme syvyyksiä olevia asioita tai pieniä vikoja tämän pyhittymisen prosessin aikana.

Tässä tilanteessa me pystymme ymmärtämään mitä meidän täytyy tehdä ja saavuttaa jos Pyhä Henki valaisee meitä kirkkaudellaan. Tällöin me voimme nousta uskon korkeammille tasoille.

Me emme ehkä toimi epätotuuden mukaan tekemällä syntiä mutta tästä huolimatta on mahdollista että me emme ymmärrä millä tavalla me voimme miellyttää Jumalaa parhaiten eri tilanteissa. Jos me ymmärrämme Pyhän Hengen tekojen kautta mikä miellyttää Jumalaa enemmän ja toimimme tämän mukaisesti, meidän sielumme tulevat kukoistamaan yhä enemmän.

Oikean ruoan ja juoman tärkeys

Eräs uskova oli suuren epätoivon vallassa sillä hänellä oli satojen tuhansien dollarien edestä velkaa. Hän kuitenkin halusi mennä Jumalan eteen ja pitää Hänestä kiinni. Hän luuli että hän tarttui viimeiseen oljenkorteen ja alkoi rukoilla ja kuunnella Jumalan sanaa kaipaus sydämessään.

Hän kuunteli saarnakasetteja työmatkallaan ja luki ainakin yhden Raamatun luvun päivässä ja opetteli ainakin yhden jakeen ulkoa joka päivä. Näin hän muisti Jumalan sanan päivän jokaisena hetkenä ja hän pystyi seuraamaan sitä.

Tämä ei kuitenkaan tarkoita sitä että siunausten portit aukenevat saman tien. Hän etsi vilpittömästi Jumalan tahtoa ja rukoili palavasti. Näin hänen uskonsa kasvoi. Hänen sielunsa kukoisti ja siunaukset alkoivat kohdata hänen yritystään. Pian hän pystyi maksamaan takaisin satojen tuhansien dollarien arvoiset velkansa. Hänen kymmenyksensä suurenevat vielä tänäkin päivänä.

Samalla tavalla mekin saavutamme vanhurskauden jos me

janoamme hurskautta niin kuin nälkäiset ja janoiset janoavat vettä tai ruokaa. Tämän ansiosta meille annetaan terveyden ja vaurauden siunauksia. Me saamme Pyhän Hengen täyteyden ja inspiraation ja voimme kommunikoida Jumalan kanssa. Me pystymme saavuttamaan Jumalan valtakunnan korkeimman tason.

'Kuinka paljon minä ajattelen Jumalaa, luen tai mietiskelen Hänen sanaansa joka päivä?'
'Kuinka vilpittömästi minä rukoilen ja yritän elää Jumalan sanan mukaan?'

Meidän tulee tutkiskella itseämme tällä tavalla ja janota vanhurskautta siihen saakka kun Herra palaa takaisin. Näin meitä voidaan siunata sillä että Isä Jumala täyttää meidät hengellisesti.

Tällöin me voimme kommunikoida Jumalan kanssa syvästi ja tulla johdetuksi kukoistavaan elämään, ja mikä tärkeämpää, me saavutamme kunniakkaan paikan taivaallisessa kuningaskunnassa.

Luku 5
Viides siunaus

Autuaita ovat laupiaat, sillä he saavat laupeuden

Matteus 5:7

Autuaita ovat laupiaat,
sillä he saavat laupeuden

Kurjissa Jean Valjean vietti 19 vuotta vankilassa yhden ainoan leivän varastamisen tähden. Sen jälkeen kun hän pääsi vankilasta eräs pappi antoi hänelle ruokaa ja yösijan mutta hän varasti tältä hopeisen kyntilänjalan ja lähti pakoon. Poliisi otti hänet kiinni ja toi hänet papin eteen.

Pelastaakseen Jean Valjeanin pappi sanoi että oli antanut kynttilänjalan hänelle. Kysymällä Jean Valjeanilta "Miksi sinä et ottanut myös lautasta?" pappi hälvensi etsivän epäluulot.

Tämän välikohtauksen kautta Jean Valjean oppi todellisesta rakkaudesta ja anteeksiannosta ja hän alkoi elää uutta elämää. Etsivä Javert kuitenkin seurasi Valjeania ja teki hänen elämänsä hankalaksi. Myöhemmin Valjean pelasti etsivän kuolemalta.

Hän sanoi: "On olemassa useita laajoja asioita, kuten meri, maa ja taivas, mutta laupeus on kuitenkin jotakin yhä suurempaa."

Muiden armahtaminen

Jos me armahdamme muita me voimme koskettaa heidän sydämiään ja näin muuttaa niitä. Mitä laupeus tai armo sitten merkitsee?

Se on sellaisen sydämen omaamista joka antaa sydämensä pohjasta anteeksi ja joka rukoilee toisen puolesta ja antaa tälle neuvoja rakastaen siitä huolimatta että tämä toinen henkilö tekee syntiä tai vaikeuttaa omaa elämäämme. Samankaltaista mutta syvempää hyvyyttä löytyy myös Pyhän Hengen yhdeksästä hedelmästä Galatalaiskirjeen viidennestä luvusta.

Hyvyys on pelkän hyvän seuraamista ilman lainkaan pahuutta. Tämänkaltainen hyvyys näkyy Jeesuksen sydämessä joka ei koskaan riidellyt tai korottanut ääntään.

"Ei hän riitele eikä huuda, ei hänen ääntänsä kuule kukaan kaduilla. Särjettyä ruokoa hän ei muserra, ja suitsevaista kynttilänsydäntä hän ei sammuta, kunnes hän saattaa oikeuden voittoon" (Matteus 12:19-20).

Se että Herra ei muserra särjettyä ruokoa tarkoittaa että Herra ei rankaise henkilö tämän pahuuden tähden välittömästi vaan on hänen kanssaan pitkämielinen siihen saakka että hän pelastuu. Jeesus esimerkiksi tiesi että Juudas Iskariot aikoi kavaltaa Hänet myöhemmin mutta Hän neuvoi tätä rakkaudella ja yritti loppuun saakka saada hänet ymmärtämään.

Se, että Hän ei sammuta suitsevaista kynttilänsydäntä tarkoittaa sitä että Jumala ei hylkää lapsiaan välittömästi vaikka he eivät eläkään totuuden mukaisesti. Me emme ole täydellisiä ja niin me voimme tehdä syntiä, mutta tästä huolimatta Jumala antaa meille Pyhän Hengen kautta ymmärrystä ja on kanssamme pitkämielinen loppuun saakka niin että me voimme muuttua totuuden kautta.

'Laupeus' on muiden ymmärtämistä, heille anteeksi antamista sekä ohjaamista oikealle tielle Herran sydämellä siitä huolimatta että tämä toinen henkilö saattaa tehdä pahaa meitä kohtaan. Se on sitä että me emme ajattele asioita omasta itseämme hyödyttävästä näkökulmasta vaan että me ajattelemme muiden näkökulmasta käsin niin että me voimme ymmärtää muita ja osoittaa heille armoa.

Jeesus antoi avionrikkojalle anteeksi

Johanneksen evankeliumin luvussa 8 fariseukset ja kirjanoppineet toivat Jeesuksen eteen naisen joka oli jäänyt kiinni aviorikoksesta. He kysyivät Häneltä kysymymyksen koetellakseen Häntä.

"Mooseksen laki käskee meitä kivittämään hänet; mitä sinä sitten tähän sanot?" (j. 5). Kuvittele tätä tilannetta. Aviorikoksen tehneen naisen on täytynyt vapista häpeästä kun hänen syntinsä paljastettiin koko joukolle, ja hänen on täytynyt olla kuolemanpelon vallassa.

Pahoja aikeita täynnä olevat kirjurit ja fariseukset eivät kiinnittäneet huomiota pelon täyttämään naiseen. He olivat vain ylpeitä siitä että he pystyivät asettamaan Jeesukselle ansan. Eräät välikohtausta seuranneet ihmiset olivat jo luultavasti poimineet käsiinsä kiviä tuomitakseen Hänet lain mukaan.

Mitä Jeesus teki? Hän kumartui maahan hiljaa ja kirjoitti maahan sormellaan. Hän kirjoitti maahan niiden syntien nimet jotka olivat tavallisia paikalla oleville. Sitten Hän nousi ylös ja sanoi: *"Se kuka teistä on synnitön heittäköön ensimmäisen kiven"* (j. 7).

Juutalaiset muistivat omat syntinsä ja häpesivät, ja yksi kerrallaan he lähtivät paikalta. Lopulta paikalle jäi ainoastaan Jeesus ja kyseinen nainen. Jeesus antoi Hänelle anteeksi ja sanoi:

"*Minäkään en sinua tuomitse. Mene nyt, äläkä enää syntiä tee*" (j. 11). Tämän on täytynyt olla naiselle unohtumatonta koko hänen koppuelämänsä ajan. Hän ei luultavasti pystynyt tekemään enää yhtään syntiä.

Myöskin laupeutta voidaan osoittaa eri tavoilla, ja se voidaan jakaa anteeksiantamisen laupeuteen, rankaisemisen laupeuteen sekä pelastuksen laupeuteen.

Rajaton pelastuksen laupeus

Jeesuksen Kristuksen pelastajakseen hyväksyneet ovat jo saaneet osakseen Jumalan suuren pelastuksen laupeuden. Ilman Jumalan laupeutta me emme voi olla lankeamatta helvettiin meidän syntiemme tähden ja kärsiä siellä ikuisesti.

Jeesus kuitenkin vuodatti verensä ristillä lunastaakseen ihmiskunnan synneistään, ja kun me uskomme tähän me me saamme täysin maksutta kaiken anteeksi ja voimme siten tulla pelastetuksi. Tämän on Jumalan laupeutta.

Jopa tälläkin hetkellä Jumala odottaa malttamattomana että lukemattomat sielut astuisivat pelastuksen tielle samalla tavalla kuin vanhemmat odottavat hermostuneesti että heidän lapsensa palaavat kotiin.

Jos joku loukkaa Jumalaa mutta katuu tätä rehellisin sydämin ja palaa takaisin, Hän ei tällöin toru tätä ihmistä ja sano "Miksi sinä petit minut niin pahasti? Miksi sinä teit niin paljon syntiä?" Jumala vain ottaa hänet vastaan rakkaudessaan.

"Niin tulkaa, käykäämme oikeutta keskenämme, sanoo Herra. Vaikka teidän syntinne ovat veriruskeat, tulevat ne lumivalkeiksi; vaikka ne ovat purppuranpunaiset, tulevat ne villanvalkoisiksi" (Jesaja 1:18).

Niin kaukana kuin itä on lännestä, niin kauas hän siirtää meistä rikkomuksemme (Psalmi 103:12).

Laupeudesta osansa saaneet eivät muista henkilön menneisyyttä ja muistuta hänen synneistään jos hän on katunut ja kääntynyt jo synneistään. He eivät vältä häntä tai syrji häntä vaan antavat hänelle anteeksi. Tämä rohkaisee häntä tekemään yhä enemmän hyvää.

Vertauskuva palvelijasta jolle annettiin anteeksi kymmenen tuhatta talenttia

Eräänä päivänä Pietari kysyi Jeesukselta anteeksiannosta. *"Herra, kuinka monta kertaa minun pitäisi antaa veljelleni anteeksi jos hän tekee minua kohtaan syntiä?"* (Matteus 18:21). Pietarin mielestä oli erittäin anteliasta antaa anteeksi seitsemän kertaa. Jeesus vastasi: *"Minä sanon sinulle: ei seitsemän kertaa, vaan seitsemänkymmentä kertaa seitsemän"* (Matteus 18:22).

Tämä ei tarkoita sitä että meidän pitäisi antaa anteeksi seitsemänkymmentä kertaa seitsemän, eli 490, kertaa. Seitsemän on täydellisyyden numero. 'Seitsemänkymmentä kertaa seitsemän' tarkoittaa että meidän pitää anteeksi rajattomasti ja täydellisesti. Tämän vertauskuvan avulla Jeesus opetti anteeksiantamisen laupeudesta.

Eräällä kuninkaalla oli paljon palvelijoita. Eräs palvelija oli kuninkaalleen velkaa kymmenen tuhatta talenttia. Hän ei pystynyt maksamaan tätä. Tuohon aikaan yksi talentti oli 6000 denaaria. Tämä vastaa noin 6000 päivän palkkaa. Tämä vastaa noin 16 vuoden työtä.

Kuvittele, että yhden päivän palkka on noin 50 000 wonia, eli noin 50 US dollaria. Tällöin yksi talentti vastaa noin 300 000 000 wonia tai 300 000 US dollaria. Kymmenen tuhatta talenttia vastaa tällöin noin kolmea biljoonaa wonia tai kolmea miljardia dollaria. Mistä palvelija voisi saada tämänkaltaisen summan käsiinsä?

Kuningas käski palvelijaa myymään vaimonsa, lapsensa ja kaiken muun omistamansa maksaakseen hänelle takaisin. Palvelija lankesi maahan ja anoi kuningasta, sanoen: *"Ole kärsivällinen kanssani ja minä maksan kaiken sinulle takaisin"* (j. 26). Kuningas sääli miestä ja antoi hänelle hänen velkansa anteeksi.

Tämän suuren velan anteeksi saanut palvelija tapasi ulkona erään toisen palvelijan joka oli hänelle 100 denaaria velkaa. Denaari oli roomalainen hopeakolikko joka vastasi tavallisesti yhden päivän palkkaa. Jos me oletamme että yhden päivän palkka on 50 000 wonia, silloin tämän orjan velka oli noin viisi miljoonaa wonia, eli noin 5000 dollaria. Tämä on pieni summa verrattuna kymmeneen tuhanteen talenttiin.

Velkansa anteeksi saanut palvelija kuitenkin otti tämän toiden kiinni ja alkoi kuristaa häntä, ja sanoi: "Maksa mitä olet minulle velkaa." Velkoja heitti tämän orjan velkavankeuteen siitä huolimatta että hän aneli armoa.

Tästä kuultuaan kuningas suuttui ja sanoi: *"Sinä paha orja, minä annoin sinulle kaikki sinun velkasi anteeksi koska sinä pyysit minulta armoa. Eikö sinun olisi pitänyt armahtaa omaa velallistasi samalla tavalla kuin minä armahdin sinua?"* Tämä sanottuaan kuningas heitti palvelijan vankilaan (Matteus 18:32-33).

Sama koskee myös meitä. Me syntiemme tähden kohti kuolemaa matkalla olleet saimme syntimme maksutta anteeksi ainoastaan Jeesuksen Kristuksen rakkauden tähden. Kuinka pahaa olisikaan jos me emme anna anteeksi muiden pieniä vikoja vaan tuomitsemme heidät niiden tähden!

Omaa suuri sydän jolla antaa muille anteeksi

Meidän ei tule välttää tai tuntea vastenmielisyyttä toisia kohtaan siitä huolimatta että me he ovat kenties aiheuttaneet meille tappioita. Tämän sijasta meidän tulisi ymmärtää ja hyväksyä heidät. Näin me voimme omata suuren sydämen jolla hyväksyä monia ihmisiä.

Jos me omaamme laupeutta me emme vihaa ketään tai tunne ketään kohtaan vastenmielisyyttä. Meidän tulisi aina ensin antaa neuvoja rakkaudella sen sijaan että me rankaisisimme ensimmäiseksi vaikka joku toinen henkilö olisikin tehnyt jotakin Jumalan silmissä väärää.

Jotkut ihmiset eivät hyväksy toisten tekoja ja siten he satuttavat näiden tunteita antaessaan heille neuvoja. Heidän ei tule luulla että he antavat tällöin neuvoja rakkaudella. He eivät voi saada Pyhän Hengen tekoja siitä huolimatta että he lainaavat totuuden sanoja jos he eivät tee näin rakkaudessa. Täten he eivät voi muuttaa muiden sydämiä.

Johtavat voivat tehdä väärin alaisiaan kohtaan. 1. Piet. 2:18 sanoo tästä seuraavasti: *"Palvelijat, olkaa kaikella pelolla isännillenne alamaiset, ei ainoastaan hyville ja lempeille, vaan nurjillekin."* Joten meidän tulee totella ja seurata heitä nöyryydellä ja rukoilla heidän puolestaan rakkaudella.

Myöskään johtajien ei tulisi torua alamaisiaan saman tien tai poistua paikalta välttääkseen rikkomasta rauhaa jos nämä alaiset tekevät väärin johtajaansa kohtaan. Heidän pitäisi pystyä opettamaan sanaa niin että he voisivat ymmärtää aidosti. Myös tämä on eräänlaista laupeutta.

Johtavat voivat seistä pystypäin jos he välittävät alaisistaan rakkaudella ja laupeudella ja ohjaavat heitä hyvyydellä. Tämä on myös palkitsevaa johtajille sillä he ovat täyttäneet velvollisuutensa ohjaamalla ja välittämällä heille uskottuja henkilöitä.

Meidän tulisi aina pystyä ymmärtämään myös muiden

näkökannat olimme me sitten minkälaisessa tilanteessa tahansa. Meidän täytyy rukoilla heidän puolestaan antaa heille neuvoja rakkaudella, jonka avulla me voimme antaa jopa oman elämämme. Omatessamme tämänkaltaista rakkautta meidän täytyy jopa rangaista väärää polkua käyviä tarpeen mukaisesti voidaksemme johdattaa heidät totuteen.

Rakkautta sisältävän rangaistuksen laupeus

Anteeksiantamisen laupeuden lisäksi on myös rankaisemisen laupeutta. Tämä on sitä että laupeus näkyy tilanteen mukaisessa rangaistuksessa. Rangaistuksen laupeus ei sisällä vihaa tai tuomitsemista vaan on peräisin rakkaudesta.

"Sillä jota Herra rakastaa, sitä hän kurittaa; ja hän ruoskii jokaista lasta, jonka hän ottaa huomaansa. Kurituksenne te kärsitte; Jumala kohtelee teitä niinkuin lapsia. Sillä mikä on se lapsi, jota isä ei kurita? Mutta jos te olette ilman kuritusta, josta kaikki ovat osallisiksi tulleet, silloinhan te olette äpäriä ettekä lapsia" (Hepr. 12:6-8).

Jumala rakastaa lapsiaan, ja tämän tähden Hän sallii heidän joskus saada rangaistuksia. Tällä tavalla Jumala auttaa heitä kääntymään synnistä ja toimimaan totuuden mukaisesti.

Kuvittele, että sinun lapsesi on varastanut jotakin. On oikein rangaista lapsiaan, mutta tästä huolimatta monikaan vanhempi tuskin piiskaisi lastaan ensimmisestä virheestä. Vanhemmat luultavasti halaavat lapsiaan lämpimästi jos nämä katuvat kyynelin sydämensä pohjasta. Nämä vanhemmat sanovat: "Minä annan sinulle anteeksi tämän kerran. Älä enää koskaan tee tätä uudelleen."

Mutta mitä vanhempien tulisi sitten tehdä jos lapset sanovat että he katuvat ja että he eivät enää koskaan tee jotakin uudelleen mutta silti käytännössä jatkavat vanhaan tapaan?

Vanhempien tulisi tehdä parhaansa neuvoakseen heitä. Tämä saattaa olla sydäntäsärkevää vanhemmille, mutta jos lapset eivät kuuntele heitä heidän täytyy käyttää piiskaa. Näin lapset muistavat tämän sydämensä syvyyksissä. Vanhemmat rakastavat lapsiaan, ja tämän tähden he rankaisevat heitä niin että he voisivat kääntyä pois ennen kuin he joutuvat pahemmalle tielle.

Syntiä tekevät lapset

Oikeuden edessä seisova varas pyysi saada nähdä äitinsä ennen oikeudenkäynnin alkua. Nähdessään äitinsä tämä varas huusi että oli äidin syytä että hänestä tuli varas. Hän sanoi että hänestä tuli varas siitä syystä että äiti ei ollut rankaissut häntä kun hän oli varastanut jotakin ensimmäisen kerran lapsena.

Suurin osa vanhemmista sanoo että kaikki johtuu siitä että he rakastavat lapsiaan jos heiltä kysytään miksi he eivät rankaise lapsiaan näiden tehdessä jotakin väärin. Sananlaskut 13:24 sanoo kuitenkin että: *"Joka vitsaa säästää, se vihaa lastaan; mutta joka häntä rakastaa, se häntä ajoissa kurittaa."*

Jos me vain ajattelemme lapsistamme, että 'Oi, minun pieni kultani', kaikki heidän väärät tekonsakin tuntuvat meistä suloisilta. Tämänkaltaisen lihallisen kiintymyksen tähden monet ihmiset eivät erota hyvää pahasta, ja tämän tähden he tekevät vääriä valintoja.

Vanhemmat eivät myöskään korjaa lapsia vaan hyväksyvät kaiken kun he käyttäytyvät katkuvasti sopimattomalla tavalla. Tällöin lasten käyttäytyminen muuttuu yhä enemmän väärän kaltaiseksi.

Esimerkiksi 1. Samuelin kijan toisessa luvussa pappi Eelin kaksi poikaa, Hofni ja Piinehaa, makasivat ilmestysmajan ovella palvelleiden naisten kanssa. Eeli sanoi vain: *"Miksi te sellaista pahaa teette, mitä minä teistä kuulen kaikelta tältä kansalta?"* (j. 24). Nämä kaksi poikaa jatkoivat synnin tekemistä ja he kohtasivat kurjan kuoleman.

Nämä kaksi poikaa eivät olisi kulkeneet tiellään yhtä pitkälle jos Eeli oli torunut heitä ankarasti ja joskus ohjannut heitä papin tiellä. He kuitenkin saavuttivat pisteen missä he eivät voineet enää kääntyä takaisin sillä heidän isänsä ei kasvattanut heitä kunnolla oikealla tavalla.

Me emme voi kuitenkaan sanoa että rangaistus olisi laupeutta vaikka se olisikin samanlainen jos siinä ei ole rakkautta. Kuvittele, että yksi naapureistasi on varastanut sinulta jotakin. Mitä sinä tekisit? Hyvyyttä omaavat olisivat hänelle laupeita ja antaisivat lapselle anteeksi jos hän pyytää anteeksi vilpittömästi. Toiset taas suuttuisivat lapselle ja huutaisivat hänelle, vaatien rangaistusta siitä huolimatta että lapsi kenties pyytäisi anteeksikin. He saattavat paljastaa tämän kaiken ja kertoa tästä monille ihmisille tai muistaa tämän kauan aikaa ja muuttua ennakkoluuloiseksi tätä lasta kohtaan.

Tämänkaltainen rangaistus on peräisin vihasta ja siten se ei ole laupeutta. Se ei voi muuttaa toista henkilöä. Jos me rankaisemme toista henkilöä meidän tulee tehdä se rakkaudella ottaen hänen näkökantansa ja tulevaisuutensa huomioon tehdäksemme rangaistuksesta laupeuden rangaistuksen.

Kun uskonveljet tekevät syntiä

Raamattu kertoo meille yksityiskohtaisesti kuinka toimia jos uskonveljemme tekee syntiä.

"Mutta jos veljesi rikkoo sinua vastaan, niin mene ja nuhtele häntä kahdenkesken; jos hän sinua kuulee, niin olet voittanut veljesi. Mutta jos hän ei sinua kuule, niin ota vielä yksi tai kaksi kanssasi, 'että jokainen asia vahvistettaisiin kahden tai kolmen todistajan

sanalla.' Mutta jos hän ei kuule heitä, niin ilmoita seurakunnalle. Mutta jos hän ei seurakuntaakaan kuule, niin olkoon hän sinulle, niinkuin olisi pakana ja publikaani" (Matteus 18:15-17).

Meidän ei tulisi levittää asiaa jos me näemme että uskonveljemme tekee syntiä. Ensiksi meidän tulee puhua henkilön kanssa yksityisesti jotta hän voisi kääntyä tieltään. Jos hän ei kuuntele meitä, meidän tulee puhua yhdessä hänen joukossaan olevien ylempien henkilöiden kanssa jotta hän voisi kääntyä pois. Jos hän ei vieläkään kuuntele, meidän täytyy kertoa kirkon johdolle jotta he voisivat johdattaa hänet pelastuksen tielle. Raamattu sanoo että meidän on kohdeltava häntä pakanana jos hän ei kuuntele edes kirkon johtoa. Meidän ei tule tuomita tai arvostella edes syntiä tekevää henkilöä. Me voimme saada osaksemme Jumalan laupeuden vasta sitten kun me osoitamme muille laupeutta ja rakkautta.

Laupeus hyväntekeväisyydessä

Jumalan lapsille on itsestään selvää pitää huolta avuntarpeessa olevista ja osoittaa heille laupeutta. Me emme ole laupeita jos me uskonveljien kärsiessä sanomme olevamme pahoillamme mutta emme näytä mitään teoillamme. Jumalan silmissä laupeudentyöt ovat omamme jakamista tarpeessa olevien uskonveljiemme kanssa.

Jaak. 2:15-16 sanoo: *"Jos veli tai sisar on alaston ja jokapäiväistä ravintoa vailla ja joku teistä sanoo heille: 'Menkää rauhassa, lämmitelkää ja ravitkaa itsenne, mutta ette anna heille ruumiin tarpeita, niin mitä hyötyä siitä on?'"*

Jotkut saattavat sanoa: "Minä tahdon todella auttaa, mutta minulla ei ole mitään mitä antaa heitä auttaakseni." Minkälaiset vanhemmat katsoisivat vierestä talousvaikeuksistaan huolimatta vierestä kun heidän lapsensa nääntyisivät nälkään? Samalla tavalla meidän pitäisi pystyä toimimaan uskonveljiämme kohtaan samalla tavalla kuin me toimisimme omia lapsiamme kohtaan.

Syntiensä tähden rangaistut

Meidän tulee pitää jotakin mielessämme kun me autamme avuntarpeessa olevia ja osoitamme laupeutta. Meidän ei pidä auttaa niitä jotka ovat vaikeuksissa omien syntiensä tähden. Tämä aiheuttaisi ongelmia meille itsellemme.

Kuningas Jeroboamin hallitsessa Israelin kuningaskuntaa maassa eli Joona-niminen profeetta. Joonan kirja kertoo kuinka ihmiset joutuivat vaikeisiin tilanteisiin yhdessä Jumalaa vastaan niskoitelleen Joonan kanssa.

Eräänä päivänä Jumala käski Joonaa menemään Niiniven kaupunkiin. Niinive oli Israelille vihamielisen maan pääkaupunki ja täällä Joonan oli julistettava Jumalan varoitusta.

Niinive oli täynnä syntiä ja Jumala aikoi tuhota sen.
Joona tiesi että jos Niiniven asukkaat katuisivat kuultuaan Jumalan varoituksen he välttäisivät tämän tuhon. Hän tunsi Jumalan sydämen joka oli rajattoman laupea ja itse rakkaus. Tämä oli siis sama kuin Assyrian, Israelin vihollisen, auttamista. Joten Joona niskoitteli Jumalan sanaa vastaan ja nousi Tarsoon matkalla olevaan laivaan. Jumala lähetti suuren myrskyn ja laivan ihmiset heittivät kaiken laivassa olevan laidan yli ja kärsivät siten suuren tappion. Lopulta he oppivat että kaikki johtui Jumalaa vastaan niskoitelleesta Joonasta. He tiesivät että myrsky lakkaisi jos he heittäisivät Joonan mereen niin kuin Joona sanoi. He eivät kuitenkaan pystyneet tähän, sillä he tunsivat sympatiaa Joonaa kohtaan. Heidän täytyi kärsiä hänen kanssaan niin kauan kunnes he lopulta heittivät hänet laidan yli.

Tämä yksinkertainen esimerkki kertoo meille että meidän täytyy olla viisaita näyttäessämme laupeutta. Meidän täytyy ymmärtää että me joudumme samoihn vaikeuksiin jos me autamme henkilöä joka on vaikeuksissa Jumalan rangaistuksen tähden.
Ei ole myöskään oikein auttaa henkilöä joka on terve mutta ei käy laiskuuttaan töissä. Sama koskee ihmisiä jotka pyytävät jatkuvasti toisilta apua siitä huolimatta että he pystyvät tekemään itsekin töitä.
Näiden ihmisten auttaminen tekee heistä laiskempia ja vähemmän pystyviä. Laupeuden osoittaminen heitä kohtaan ei ole

oikein Jumalan silmissä, ja se estää myös meidän siunauksemme. Meidän ei tule siis auttaa varauksetta kaikkia vaikeuksissa olevia. Meidän tulisi erottaa jokainen tapaus niin että me emme kohtaa itse vaikeuksia toisten auttamisen tähden.

Osoita laupeutta ihmisiä kohtaan jotka eivät ole uskossa

On tärkeää että me osoitamme laupeutta uskonveljiemme lisäksi myös sellaisia ihmisiä kohtaan jotka eivät ole uskossa. Useimmat ihmiset haluavat ystävystyä ihmisten kanssa jotka ovat kuuluisia ja rikkaita. Tämänkaltaiset ihmiset kuitenkin karsastavat elämässään epäonnistuneita ihmisiä ja haluavat välttää heitä. He saattavat auttaa näitä vähemmän menestyksekkäitä ihmisiä pari kertaa aikaisemman ystävyyssuhteen tähden mutta he eivät tee tätä jatkuvasti. Meidän ei tule kutenkaan karsastaa tai halveksua ketään. Meidän tulee pitää muita itseämme parempina ja kohdella kaikkia rakkaudella.

On olemassa ihmisiä jotka omaavat laupean sydämen ja jotka ottavat toisten vaikeudet huomioon. On myös olemassa ihmisiä jotka auttavat toisia vastentahtoisesti muiden ihmisten tähden. Jumala katsoo ihmisten sydämiin, ja Hän sanoo että laupeus on rakkaudella auttamista ja että Hän siunaa niitä jotka osoittavat oikeaa laupeutta.

Laupeiden siunaukset

Mitä ovat Jumalan laupeille antamat siunaukset? Matteus 5:7 sanoo: *"Autuaita ovat laupiaat, sillä he saavat laupeuden."* Jumala osoittaa meille laupeutta ja antaa meille mahdollisuuden saada anteeksi silloinkin me aiheutamme muille vahingossa vahinkoa jos me vain annamme itse anteeksi ja osoitamme laupeutta niitä kohtaan jotka aiheuttavat meille vaikeuksia ja menetyksiä.

Herran rukous sanoo: *"Ja anna meille meidän velkamme anteeksi, niinkuin mekin annamme anteeksi meidän velallisillemme"* (Matteus 6:12). Me avaamme oven Jumalan laupeuteen osoittamalla muille laupeutta.

Alkukirkon aikana oli nainen nimeltään Tabitha (Ap. t. 9:36-42). Jerusalemin uskovat levittäytyivät usealle paikalle vakavien vainojen tähden. Eräät heistä asettuivat Joppa-nimiseen kaupunkiin. Tästä kaupungista tuli yksi kristittyjen keskus missä Tabithakin asui. Hän auttoi köyhiä ja tarpeessa olevia. Eräänä päivänä hän kuitenkin sairastui ja kuoli.

Hänen auttamansa ihmiset lähettivät Pietarille sanan ja pyysivät häntä herättämään hänet henkiin. He näyttivät Pietarille kaikkia vaatteita ja viittoja joita hän oli heille tehnyt ja puhuivat kaikista hänen tekemistään hyvistä asioista.

Lopulta Tabitha koki Jumalan uskomattoman teon ja hänet herätettiin henkiin Pietarin rukouksen kautta. Jumalan laupeuden ansiosta hän sai osakseen siunauksen jonka kautta hänen elämänsä piteni.

Jumala antaa meille terveyden ja vaurauden siunauksia kun me olemme laupeita köyhiä ja sairaita kohtaan.

Minun täytyi käydä läpi vaikeita aikoja nuoruudessani köyhyyden ja sairauksien tähden. Tämä aika kuitenkin opetti minua ymmärtämään vaikeuksia kärsiviä ihmisiä.

Minä olen elänyt yli 30 vuotta ilman sairauksia sen jälkeen kun Jumalan voima paransi minut taudeistani. Silti minä en pysty menettämään tuntemaani rakastavaa myötätuntoa niitä kohtaan jotka kärsivät sairauksista ja köyhyydestä tai jotka ovat hyljättyjä ja unohdettuja.

Joten minä olen halunnut ojentaa käteni tarpeessa oleville sekä ennen kirkon avaamista että sen avaamisen jälkeen. Minä en ajatellut, että: "Minä autan heitä sitten kun minä olen rikas." Minä vain autoin muita, tarvitsivat he sitten pienen tai suuren summan.

Jumala oli mielissään tekojeni tähden, ja Hän siunasi minua niin paljon että minä voin uhrata Hänelle runsaasti maailmanlaajuisen mission ja Jumalan kuningaskunnan saavuttamiseksi. Minä kylvin laupeuden siemeniä muita kohtaan ja Jumala antoi minun korjata runsaan sadon.

Jumala antaa meille meidän vikamme anteeksi jos me itse osoitamme laupeutta muita kohtaan. Hän täyttää meidät niin että meiltä ei puutu yhtään mitään ja Hän muuttaa meidän heikkoutemme terveydeksi. Tämä on laupeutta, josta me voimme tulla osalliseksi kun me osoitamme laupeutta muita kohtaan.

Joh. 13:35 sanoo: *"Uuden käskyn minä annan teille, että rakastatte toisianne, niinkuin minä olen teitä rakastanut-että tekin niin rakastatte toisianne."* Antakaamme sitten lohtua ja elämää monille ihmisille laupeuden tuoksulla niin että me voimme nauttia elämästä joka on täynnä Jumalan siunauksia.

Luku 6
Kuudes siunaus

Autuaita ovat puhdassydämiset, sillä he saavat nähdä Jumalan

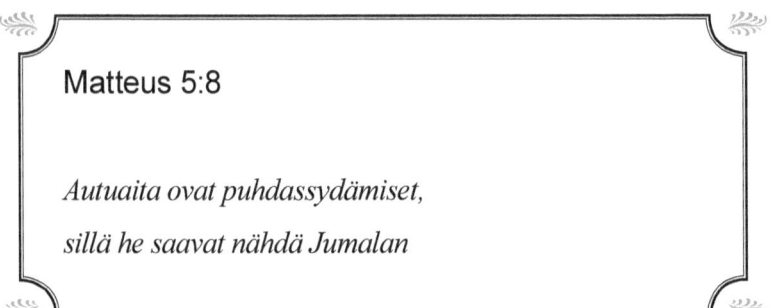

Matteus 5:8

Autuaita ovat puhdassydämiset,
sillä he saavat nähdä Jumalan

"Ensimmäinen asia mitä minä ajattelin laskeutuessani kuun pinnalle oli Jumalan luomistyö ja Hänen kirkas läsnäolonsa."
Näin julisti James Irwin sen jälkeen kun hän oli laskeutunut kuun pinnalle Apollo 15-aluksella vuonna 1971. Tämä oli hyvin kuuluisa lainaus joka kosketti monia ihmisiä ympäri maailmaa.
Eräs oppilas esitti hänelle kysymyksen kun hän oli antamassa luentoa Unkarissa.
"Yksikään Neuvostoliiton kosmonauteista ei sanonut nähneensä Jumalaa avaruudessa. Miksi sinä sitten sanoit nähneesi Hänet ja ylistit Hänen kunniaansa?"
Irwinin vastaus tähän oli niin selvä ettei kukaan paikallaolija voinut kieltää sitä. "Sydämeltään puhtaat voivat nähdä Jumalan."
Hän vietti kuussa 18 tuntia, ja sanotaan että hän lausui Psalmin 8 nähdessään Jumalan luoman maapallon ja maailmankaikkeuden.

"Herra, meidän Herramme,
kuinka korkea onkaan sinun nimesi kaikessa maassa,
sinun, joka olet asettanut valtasuuruutesi taivaitten ylitse! ...
Kun minä katselen sinun taivastasi,
sinun sormiesi tekoa,
kuuta ja tähtiä,
jotka sinä olet luonut,
Herra, meidän Herramme,
kuinka korkea onkaan sinun nimesi kaikessa maassa!"

Jumalan silmissä sydämeltään puhtaat

'Puhdas' tarkoittaa jotakin mihin ei ole sekoittunut mitään muuta tai tomusta, liasta tai muusta saasteesta vapaata asiaa. Raamatussa se tarkoittaa pyhällä tavalla käyttäytymistä sekä ulkoisesti tietouden ja koulutuksen avulla että sisäisesti pyhän ja pyhittyneen sydämen omaamalla.

Matteuksen 15. luvussa kirjanoppineet ja fariseukset saapuivat Jerusalmista Jeesuksen ollessa Galilean alueella.

Kirjanoppineet ja fariseukset opettivat ammatikseen lakia kansalle ja he pitivät lain erittäin tarkasti. He myös noudattivat vanhempien traditioita, mitkä olivat yksityiskohtaisia sääntöjä lain pitämiseksi. Nämä traditiot ovat kulkeutuneet kautta aikojen sukupolvelta sukupolvelle.

Nämä miehet luulivat olevansa pyhiä sen tähden että he harjoittivat tiukkaa itsekuria ja elivät askeettista elämää. Heidän sydämensä olivat kuitenkin täynnä pahuutta. He yrittivät tappaa Jeesuksen kun Hänen sanansa loukkasivat heitä.

Yksi kirjanoppineiden ja fariseusten tekemistä vanhempien traditioista sanoi että syöminen pesemättömillä käsillä ei ollut puhdasta.

He näkivät Jeesuksen syövän pesemättömillä käsillä ja vastalauseena tälle he kysyivät Jeesukselta kysymyksen.

He kysyivät Jeesukselta: *"Ei saastuta ihmistä se, mikä menee suusta sisään; vaan mikä suusta käy ulos, se saastuttaa ihmisen"* (Matteus 15:11).

"Mutta mikä käy suusta ulos, se tulee sydämestä, ja se saastuttaa ihmisen. Sillä sydämestä lähtevät pahat ajatukset, murhat, aviorikokset, haureudet, varkaudet, väärät todistukset, jumalanpilkkaamiset. Nämä ihmisen saastuttavat; mutta pesemättömin käsin syöminen ei saastuta ihmistä " (Matteus 15:18-20).

Jeesus torui heitä sanoen heidän olevan kuin valkeaksi kalkittuja hautoja (Matteus 23:27). Israelissa luolia käytetään hautoina. Yleensä hautojen sisäänkäynnit maalattiin kalkilla valkeaksi.

Hauta on kuitenkin paikka joka on ruumiita varten, ja vaikka sitä kuinka koristeltaisiin on sen sisäpuoli silti täynnä mätää ja pahanhajuinen. Jeesus vertasi kirjanoppineita ja fariseuksia valkeaksi kalkituihin hautoihin sillä he käyttäytyivät ulospäin pyhästi samalla kun heidän sydämensä olivat täynnä erilaista pahuutta ja syntiä.

Jumala tahtoo meidän olevan kauniita sekä ulospäin että syvällä sydämessämme. Tämän tähden Hän sanoi seuraavasti nimittäessään Daavidin, paimenen, Israelin kuninkaaksi. : *"Älä katso hänen näköänsä äläkä kookasta vartaloansa, sillä minä olen hänet hyljännyt. Sillä ei ole, niinkuin ihminen näkee: ihminen näkee ulkomuodon, mutta Herra näkee sydämen"* (1. Samuel 16:7)

Kuinka puhdas minun sydämeni on?

Saarnatessamme evankeliumia jotkut sanovat seuraavasti: "Minä en ole satuttanut ketään ja olen elänyt hyvän elämän, siten minä pääsen taivaaseen." Tällä he tarkoittavat että he voivat mennä taivaaseen vaikka he eivät uskokaan Kristukseen sillä he omaavat hyvän sydämen eivätkä he ole tehneet syntiä.

Roomalaiskirje 3:10 kuitenkin sanoo: *"Niinkuin kirjoitettu on: 'Ei ole ketään vanhurskasta, ei ainoatakaan.'"* Vaikka henkilö luulisi olevan kuinka vanhurskas ja hyvä tahansa, hän tulee silti ymmärtämään että hänessä on monia ja vikoja ja syntejä jos hän tutkiskelee itseään Jumalan sanalla, totuudella. Jotkut kuitenkin sanovat ettei heissä ole lainkaan syntiä sillä he eivät ole satuttaneet ketään tai rikkoneet lakia.

He saattavat esimerkiksi vihata jotakuta toista mutta silti kuvitella olevansa synnittömiä sillä he eivät ole aiheuttaneet kyseiselle henkilölle fyysistä pahaa. Jumala kuitenkin sanoo että pahojen ajatusten kantaminen sydämessä on myös syntiä.

Hän sanoo: *"Jokainen, joka vihaa veljeänsä, on murhaaja; ja te tiedätte, ettei kenessäkään murhaajassa ole iankaikkista elämää, joka hänessä pysyisi"* (1. Joh. 3:15), ja *"Mutta minä sanon teille: jokainen, joka katsoo naista himoiten häntä, on jo sydämessään tehnyt huorin hänen kanssansa...."* (Matteus 5:28).

Henkilön sydän ei ole puhdas jos siinä on vihaa, haureutta, itsekkäitä haluja, ylpeyttä, vääryyttä, mustasukkaisuutta tai vihaa. Sillä, että nämä eivät tule esiin käytöksessä ei ole mitään väliä.

Sydämeltään puhtaat eivät kiinnostu merkityksettömistä asioista vaan seuraavat tarkasti yhtä polkua muuttumattomin sydämin.

Ruthin, puhdassydämisen naisen tekoja

Ruut oli ei-juutalainen nainen josta tuli leski nuorella iällä ennen kuin hän oli ehtinyt saada lapsia. Hän ei hylänny anoppiaan vaan pysyi tämän rinnalla jopa huonoinakin aikoina. Hänen anopillaan ei ollut ketään kehen turvautua mutta Ruutin itsensä tähden hän pyysi tätä palaamaan takaisin perheensä luokse. Ruut ei kuitenkaan voinut jättää anoppiaan yksin.

Mutta Ruut vastasi: "Älä vaadi minua jättämään sinua ja kääntymään takaisin, pois sinun tyköäsi. Sillä mihin sinä menet, sinne minäkin menen, ja mihin sinä jäät, sinne minäkin jään; sinun kansasi on minun kansani, sinun Jumalasi on minun Jumalani. Missä sinä kuolet, siellä minäkin tahdon kuolla ja sinne tulla haudatuksi. Herra rangaiskoon minua nyt ja vasta, jos muu kuin kuolema erottaa meidät" (Ruut 1:16-17).

Tämä Ruutin tunnustus pitää sisällään hänen vahvan tahtonsa ja rakkautensa joiden avulla hän palveli anoppiaan koko elämällään. Hänen anoppinsa kotikaupunki oli Israelissa, maassa joka oli Ruutille tuntematon. He eivät omistaneet täällä taloa tai mitään.

Ruut ei kuitenkaan ajatellut olosuhteita vaan päätti palvella anoppiaan joka oli yksin. Ruut ei koskaan katunut valintaansa vaan palveli anoppiaan muuttumattomalla sydämellä. Ruut omasi puhtaan sydämen ja siten hän saattoi uhrata itsensä anoppinsa puolesta iloiten ja muuttumattomalla sydämellä. Tämän johdosta hän tapasi rikkaan Boas-nimisen miehen joka oli myös hyvä mies Israelin tapojen mukaan. Yhdessä he perustivat onnellisen perheen. Hänestä tuli kuningas Daavidin isoisoäiti ja hän sai nimensä Jeesuksen sukupuuhun.

Puhdassydämisen siunaukset

Minkälaisia siunauksia puhdassydämiset sitten saavat? Matteus 5:8 sanoo: *"Autuaita ovat puhdassydämiset, sillä he saavat nähdä Jumalan."*

On aina iloisaa olla meille rakkaiden ihmisten seurassa. Jumala on meidän henkemme Isä, ja Hän rakastaa meitä enemmän kuin me itse rakastamme itseämme. Jos me pystyisimme näkemään Hänet kasvoista kasvoihin, me kokisimme onnellisuutta mitä ei voida verrata mihinkään tämän maan päällä olevaan.

Jotkut voivat kysyä kuinka kukaan voisi nähdä Jumalaa. Tuom. 13:22 sanoo: *"Niin Maanoah sanoi vaimolleen: 'Me olemme kuoleman omat, sillä olemme nähneet Jumalan.'"* Joh. 1:18 sanoo: *"Ei kukaan ole Jumalaa milloinkaan nähnyt."* Monessa kohtaa Raamattua sanotaan että ihmisten ei kuulunut nähdä Jumalan kasvoja, ja jos näin kävi he kuolivat. Exodus 33:11 kuitenkin sanoo: *"Ja Herra puhutteli Moosesta kasvoista kasvoihin, niinkuin mies puhuttelee toista."* Israelilaisten saavuttua Siinai-vuorelle Exodusen jälkeen Jumala saapui maahan. He eivät voineet lähestyä Häntä kuolemanpelossa, mutta Mooses sai kuitenkin nähdä Jumalan (Exodus 20:18-19).

Lisäksi Genesis 5:21-24 sanoo että Eenok kulki Jumalan kanssa.

"Kun Hanok oli kuudenkymmenen viiden vuoden vanha, syntyi hänelle Metusalah. Ja Hanok vaelsi Metusalahin syntymän jälkeen Jumalan yhteydessä kolmesataa vuotta, ja hänelle syntyi poikia ja tyttäriä. Niin oli Hanokin koko elinaika kolmesataa kuusikymmentä viisi vuotta. Ja kun Hanok oli vaeltanut Jumalan yhteydessä, ei häntä enää ollut, sillä Jumala oli ottanut hänet pois."

Jumalan kanssa kulkeminen ei tarkoita sitä että Jumala tulisi itse maahan ja kävelisi Eenokin rinnalla. Se tarkoittaa sitä että Eenok kommunikoi aina Jumalan kanssa ja Jumala huolehti kaikesta Eenokin elämässä.

Yksi asia mikä meidän täytyy tietää on että 'yhdessä kulkeminen' ja 'yhdessä oleminen' ovat kaksi täysin eri asiaa. 'Jumalan yhteydessä oleminen' tarkoittaa sitä että Hän pitää meitä enkeleidensä kanssa.

Jumala suojelee meitä kun me yritämme elää sanan mukaan mutta Hän voi kulkea kanssamme vasta sen jälkeen kun me olemme täysin pyhittyneitä. Me voimme siis nähdä kuinka paljon Jumala rakasti Eenokia siitä, että Eenok kulki Jumalan kanssa kolmensadan vuoden ajan.

Jumalan näkemisen siunaus

Mikä on sitten syy siihen että jotkut ihmiset eivät voi nähdä Jumalaa kun taas toiset näkevät Hänet kasvotusten ja jopa kulkevat Hänen kanssaan.
3. Joh. 1:11 sanoo: *"Rakkaani, älä seuraa pahaa, vaan hyvää. Joka hyvin tekee, se on Jumalasta; joka pahoin tekee, se ei ole Jumalaa nähnyt."* Puhdassydämiset voivat siis nähdä Jumalan mutta ne joiden sydämet ovat pahuuden tahraamia eivät voi.

Me näemme tämän Stefanuksen tapauksesta. Stefanuksesta tuli marttyyri hänen saarnatessaan evankeliumia alkukirkon aikoina. Apostolien tekojen 7. luku kertoo kuinka Stefanus oli saarnannut Jeesuksen Kristuksen evankeliumia ja kuinka hän rukoili jopa häntä kivittäneiden ihmisten puolesta. Tämä tarkoittaa sitä että hän oli näin puhdas eikä hänellä ollut sydämessään syntiä. Tämän tähden hän saattoi nähdä kuinka Herra seisoi Jumalan oikealla puolella.

Jumalan näkemiseen pystyvät ovat puhdassydämisiä ja he pääsevät taivaan parempiin asuinsijoihin sen kolmannessa kuningaskunnassa tai jopa sitäkin korkeammalla. He voivat nähdä Herran ja Jumalan läheltä ja nauttia onnellisuudesta ikuisesti.

Ensimmäiseen tai toiseen kuningaskuntaan menevät eivät voi kuitenkaan nähdä Herraa läheltä sllä hengellinen kirkkaus loistaa ja taivaallisen eri asuinsijat annetaan henkilöiden pyhittymisen tason mukaisesti.

Kuinka tulla puhdassydämiseksi

Pyhä ja täydellinen Jumala tahtoo meidän olevan täydellisiä ja puhtaita sekä teoissamme että myös sydämessämme heittämällä pois syvällä sydämessämme olevat syntimme. Tämän tähden Hän sanoo: *"Olkaa pyhät, sillä minä olen pyhä"* (1. Piet. 1:16), ja *"Sillä tämä on Jumalan tahto, teidän pyhityksenne, että kartatte haureutta"* (1 Tess. 4:3).

Mitä meidän tulee siten tehdä omataksemme Jumalan haluaman puhtaan sydämen ja saavuttaaksemme itsessämme pyhyyden?

Aikaisemmin helposti suuttuneiden tulee heittää suuttumuksensa pois ja muuttua lempeämmiksi. Aikaisemmin ylpeitä olleiden on heitettävä ylpeytensä pois ja nöyryytettävä itsensä. Muita aikaisemmin vihanneiden on muututtava voidakseen rakastaa jopa vihollisiaankin. Eli yksinkertaisesti sanottuna, meidän täytyy heittää pois kaikenlainen paha ja kamppailtava syntejä vastaan jopa oman veremme vuodatukseen saakka (Hepr. 12:4).

Me saamme sitä puhtaamma sydämet mitä enemmän pahuutta me heitämme pois sydämestämme ja ja mitä enemmän me kuuntelemme Jumalan sanaa, elämme sen mukaan ja täytämme itsemme totuudella. On tarkoituksetonta kuulla sanaa mutta olla elämättä sen mukaan. Kuvittele, että sinun vaatteesi olisivat likaisia ja sinä sanoisit, että "Minun pitää pestä tämä", muttta sitten jättäisit sen vain lattialle.

Joten jos me ymmärrämme Jumalan sanaa kuuntelemalla että sydämessämme on likaisia asioita, meidän täytyy yrittää heittää ne pois. Sydämen puhtautta ei voida tietenkään saavuttaa pelkästään ihmisten voimilla ja tahdonvoimalla. Me ymmärrämme tämän apostoli Paavalin tunnustuksen kautta.

> *"Sillä sisällisen ihmiseni puolesta minä ilolla yhdyn Jumalan lakiin, mutta jäsenissäni minä näen toisen lain, joka sotii minun mieleni lakia vastaan ja pitää minut vangittuna synnin laissa, joka minun jäsenissäni on. Minä viheliäinen ihminen, kuka pelastaa minut tästä kuoleman ruumiista?"* (Room. 7:22-24).

Tässä 'sisäinen ihminen' viittaa Jumalan antamaan alkuperäiseen sydämeen. Tämä on totuuden sydän, joka iloitsee Jumalan laista ja Jumalan etsimisestä. On myös olemassa epätotuuden sydän joka tahtoo tehdä syntiä, joten me emme voi heittää syntejämme pois omin voiminemme.

Me voimme nähdä tämän siinä kuinka ihmiset kamppailevat

tupakoinnin ja juomisen lopettamisen kanssa. He tietävät kyllä että että tupakka ja liiallinen juominen ovat pahaksi heille mutta he eivät pysty lopettamaan. He tekevät uuden vuoden päätöksiä ja yrittävät lopettaa siihen kuitenkaan pystymättä. He tietävät tapansa olevan vahingollinen mutta he eivät pysty lopettamaan sillä he itse asiassa pitävät siitä. He pystyvät kuitenkin lopettamaan hetkessä jos he saavat Jumalalta voimaa taivaasta.

Sama koskee sydämessämme olevia syntejä ja pahuutta. 1. Tim. 4:5 sanoo: *"Sillä se pyhitetään Jumalan sanalla ja rukouksella."* Me voimme heittää pahuuden ja synnin pois kun me ymmärrämme totuuden Jumalan sanan kautta ja saamme Jumalan laupeuden, voiman ja Pyhän Hengen osaksemme palavan rukouksen kautta.

Tehdäksemme näin me tarvitsemme oman tahdonvoimamme ja yritystä elää Jumalan sanan mukaan. Meidän ei tulisi lopettaa sanan mukaan elämistä parin yrityksen jälkeen. Me voimme heittää kaikki synnit pois ja omata puhtaan sydämen jos me rukoilemme ja joskus paastoamme siihen asti että me muutumme.

Puhdas sydän saa vastauksia ja siunauksia

Puhdassydämiset eivät saa ainoastaan Isä Jumalan kuvan näkemisen siunausta. Tämä tarkoittaa sitä että he saavat vastauksia sydämensä haluihin rukousten kautta ja että he voivat kohdata ja kokea Jumalan elämässään.

Jeremia 29:12-13 sanoo: "*Silloin te huudatte minua avuksenne, tulette ja rukoilette minua, ja minä kuulen teitä. Te etsitte minua ja löydätte minut, kun te etsitte minua kaikesta sydämestänne.*" Ht saavat Jumalalta vastauksia palavien rukoustensa kautta niin että he voivat antaa elämänsä aikana monia todistuksia.

Joskus me kuitenkin näemme kuinka jotkut äskettäin uskoon tulleet ja Jeesuksen Kristuksen juuri hyväksyneet uskovat eivät elä todella totuudessa mutta saavat silti vastauksia rukouksiinsa. Heidän sydämensä eivät ole täysin puhtaita mutta siitä huolimatta he kokevat ja kohtaavat elävän Jumalan.

Tämä vastaa sitä että nuoret lapset tekevät jotakin suloista ja saavat vanhemmiltaan mitä he haluavat. He eivät ole vielä saavuttaneet puhdasta sydäntä mutta he voivat saada vastauksia eri rukouksiinsa sen mukaan kuinka paljon he miellyttävät Jumalaa uskon mitallaan.

Kohdattuani Jumalan minä parannuin kaikista sairauksistani ja sain terveyteni takaisin. Minä aloin etsiä itselleni työtä. Minä en kuitenkaan ottanut vastaan hyviäkään työtarjouksia jos niiden hyväksyminen olisi tarkoittanut sitä että minä en pystyisi pyhittämään Herran päivää. Minä yritin parhaani seuratakseni oikeaa polkua Jumalan edessä puhtain sydämin.

Jumala oli mielissään sydämestäni ja Hän ohjasi minut pitämään pientä kirjavuokraamoa. Liike menestyi hyvin ja minä suunnittelin muuttavani suurempaan paikkaan. Minä kuulin eräästä sopivasta paikasta.

Saavuttuani näihin tiloihin sen omistaja ei tahtonut tehdä kanssani sopimusta, sillä hänen liikkellään ei mennyt hyvin minun menestykseni tähden. Minun täytyi antaa periksi, mutta mietittyäni asiaa hänen näkökulmastaan minä tunsin häntä kohtaan myötätuntoa ja rukoilin sydämeni pohjasta että hän saisi siunauksia. Myöhemmin minä sain tietää että eräs suuri kirjakauppa aikoi avata liikkeen aivan tämän liikkeen edessä. Minä en olisi voinut kilpailla tämän kaupan kanssa näissä liiketiloissa. Kaiken tietävä Jumala teki kaikessa työtä hyväkseni ja esti tämän sopimuksen tekemisen. Myöhemmin minä muutin eri liiketiloihin. Minä en hyväksynyt huonosti käyttäytyviä oppilaita. Minun liikkeessäni ei saanut polttaa tai juoda alkoholia. Sunnuntaisin minä suljin oveni pyhittääkseni lepopäivän vaikka silloin oli eniten asiakkaita liikkeellä. Ihmisajatusten mukaan tämä kauppa ei voinut menestyä millään tavalla. Asiakasmäärä kuitenkin lisääntyi yhdessä tulojen kanssa. Kaikki tunnustivat että tämä oli Jumalalta tuleva siunaus.

Eläessämme kristillistä elämää me voimme saada myös kielillä puhumisen lahjan Pyhältä Hengeltä. Tämä on osa "Jumalan näkemisen" siunausta.

"Toinen saa uskon samassa Hengessä, toinen taas terveeksitekemisen lahjat siinä yhdessä Hengessä; toinen lahjan tehdä voimallisia tekoja; toinen

profetoimisen lahjan, toinen lahjan arvostella henkiä; toinen eri kielillä puhumisen lahjan, toinen taas lahjan selittää kieliä Mutta kaiken tämän vaikuttaa yksi ja sama Henki, jakaen kullekin erikseen, niinkuin tahtoo" (1. Kor. 12:9-11).

Meidän täytyy muistaa että me emme saisi tyytyä lapsen uskoon jos me todella rakastamme Jumalaa. Meidän täytyy tehdä parhaamme heittääksemme kaikenlaisen pahan sydämestämme ja tullaksemme pikaisesti pyhittyneeksi niin että me kypsymme uskossa ja opimme ymmärtämään Jumalan sydäntä. 2. Korinttolaiskirje 7:1 sanoo: *"Koska meillä siis on nämä lupaukset, rakkaani, niin puhdistautukaamme kaikesta lihan ja hengen saastutuksesta, saattaen pyhityksemme täydelliseksi Jumalan pelossa."* Kuten sanottua, meidän pitää heittää kaikki sydämemme rikokset pois ja saavuttaa itsessämme pyhyys.

Minä toivon että me tulisimme olemaan kaikessa kukoistavia ja saamaan mitä tahansa me sitten pyydämme, ja kuten veden rannalle istutettu puu joka ei kuivu, että me kantaisimme runsaasti hedelmää jopa kuivuuden aikana. Minä toivon myös että voisimme nähdä Jumalan kasvoista kasvoihin taivaan ikuisessa kuningaskunnassa.

Luku 7
Seitsemäs siunaus

Autuaita ovat rauhantekijät,
sillä heidät pitää Jumalan lapsiksi
kutsuttaman

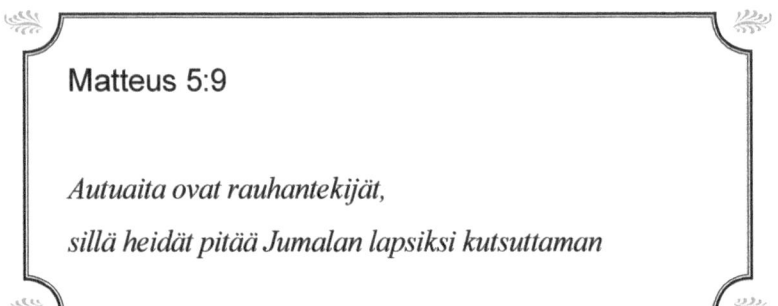

Matteus 5:9

Autuaita ovat rauhantekijät,
sillä heidät pitää Jumalan lapsiksi kutsuttaman

Kaksi saman rajan jakavaa maata voivat joutua keskenään konfliktiin tai sotia jopa sotia omaksi hyödykseen. On kuitenkin kaksi maata jotka ovat jakaneet saman rajan rauhassa monen vuoden ajan. Nämä kaksi maata ovat Argentiina ja Chile. Kauan aikaa sitten näillä mailla oli kriisi joka melkein johti sotaan rajakiistojen tähden. Molempien maiden uskonnolliset johtajat vetosivat kansoihinsa ja sanoivat että rakkaus oli ainoa tapa säilyttää rauha kahden maan välillä. Ihmiset hyväksyivät tämän viestin ja valitsivat rauhan. He pystyttivät taulun jossa oli jae Raamatusta. Tämä jae oli Efesolaiskirjeen 2:14. *"Sillä hän on meidän rauhamme, hän, joka teki molemmat yhdeksi ja purki erottavan väliseinän, nimittäin vihollisuuden."*

Kahden maan välinen rauha tarkoittaa sitä että niiden välillä vallitsee hyvät suhteet. Ihmisten välillä tämä tarkoittaa sitä että molempien osapuolten sydämet tuntevat lämpöä toista kohtaan. Hengellisesti rauhan omaaminen Jumalan kanssa on kuitenkin hieman erilaista. Se tarkoittaa itsensä uhraamista muiden puolesta ja toisten palvelemista. Se tarkoittaa itsensä nöyrtämistä muiden ylentämiseksi. Me emme käyttäydy töykeästi. Me voimme seurata toisen mielipiteitä vaikka me itse olemmekin oikeassa kunhan tämän henkilön mielipiteet ovat epätotuuden mukaisia.

Se on kaikkien etujen ajamista. Se ei ole omista mielipiteistämme kiinni pitämistä vaan muiden huomioon ottamista. Se on muiden mielipiteiden seuraamista ja puolien ottamisen välttämistä, ja se tarkoittaa tasapuolisuutta molempien osapuolien suhteen mahdollisten ongelmien ilmaantuessa. Voidaksemme olla rauhantekijöitä meidän pitää uhrata itsemme.

Rauhan hengellinen merkitys on siis itsensä uhraamista aina oman henkemme antamiseen saakka.

Jeesus teki rauhan uhraamalla itsensä

Aatami oli elävä henki kun Jumala loi hänet. Hänellä oli valta hallita kaikkea maailmassa olevaa. Synti kuitenkin asettui häneen kielletyn hedelmän syömisen kautta, ja niin Aatamista ja kaikista hänen jälkeläisistään tuli syntisiä. Nyt ihmisen ja Jumalan välillä oli synnin muuri.

Kolossalaiskirje 1:21 sanoo: *"Teidätkin, jotka ennen olitte vieraantuneet ja mieleltänne hänen vihamiehiänsä pahoissa teoissanne, hän nyt on sovittanut."* Ihmiset vieraantuivat syntiensä tähden.

Ihmiskunta on ollut syntinen Aatamin ajoista lähtien, ja Jeesus, Jumalan Poika, saapui maahan meidän sovitusuhriksi. Hän kuoli ristillä tuhotakseen Jumalan ja ihmisten välillä olevan synnin muurin ja tehdäkseen rauhan.

Joku voi kysyä: "Miksi koko ihmiskunnasta tuli syntinen ainoastaan Aatamin syntien tähden, sillä loppujen lopuksi hän oli vain yksi ihminen?" Tämä on melkein sama kuin kauan aikaa sitten kun orjia oli vielä olemassa. Sen jälkeen kun sinusta tuli orja myös kaikki sinun jälkeläisesi syntyivät orjiksi.

Room. 6:16 sanoo: *"Ettekö tiedä, että kenen palvelijoiksi, ketä tottelemaan, te antaudutte, sen palvelijoita te olette, jota te tottelette, joko synnin palvelijoita, kuolemaksi, tahi kuuliaisuuden, vanhurskaudeksi."* Aatami totteli paholaisvihollista ja teki syntiä, ja tämän tähden kaikista hänen jälkeensä tulevista tuli syntisiä.

Synnitön Jeesus ristiinnaulittiin jotta Hän voisi tuoda rauhan Jumalan ja syntiseksi tulleen ihmiskunnan välille. Kol. 1:20 sanoo: *"Ja että hän, tehden rauhan hänen ristinsä veren kautta, hänen kauttaan sovittaisi itsensä kanssa kaikki, hänen kauttaan kaikki sekä maan päällä että taivaissa."* Jeesuksesta tuli sovitusuhri meidän syntiemme anteeksiantamiseksi ja Hän toi rauhan Jumalan ja ihmisten välille.

Oletko sinä rauhantekijä?

Jumala tahtoo meidän olevan rauhassa samalla tavalla kuin Jeesus tuli tähän maahan ihmislihassa rauhantekijäksi. Tietenkään me emme riko rauhaa tahallamme kun me uskomme Jumalaan ja opimme totuutta. Me voimme kuitenkin rikkoa rauhaa vahingossa jos meillä on meidän oma vanhurskautemme jonka me luulemme olevan oikeassa.

Me voimme tutkiskella olemmeko me tämänkaltainen henkilö miettimällä teemmekö me kaikkemme sopiaksemme muihin vai tekevätkö muut kaikkensa sopiakseen meihin. Esimerkiksi aviomiehen ja vaimon välillä voi olla, että vaimo ei pidä suolaisesta ruoasta kun aviomies taas pitää tästä.

Vaimo sanoo miehelle että suolainen ruoka ei ole terveydelle hyväksi mutta silti hän pitää siitä. Vaimo ei siis ymmärrä häntä. Aviomiehen näkökulmasta katsottuna on selvää että hän ei voi muuttaa makuaan nopeasti.

Riidat saattavat saada syntynsä jos vaimo vaatii tässä että aviomies noudattaa hänen neuvoaan sen tähden että hän on oikeassa. Joten voidaksemme olla rauhassa meidän pitää ottaa muut huomioon ja auttaa heidän ymmärrystään jotta he voivat tehdä muutoksia vähän kerrallaan.

Katsoessamme ympärillemme me voimme nähdä kuinka rauha rikkoutuu tällaisten pienien asioiden tähden. Tämä johtuu siitä että me luulemme omassa vanhurskaudessamme olevamme oikeassa.

Meidän tulee siis tarkistaa ajammeko me omaa etuamme muiden etuja ennen ja yritämmekö me pitää kiinni omista oikeiksi luulemistamme mielipiteistämme siitä huolimatta että me tiedämme toisen henkilön kokevan kovia. Meidän tulee myös tarkistella haluammeko me alaisemme olevan meille ehdottomasti kuuliaisia vain sen tähden että me olemme heitä korkeampia tai vanhempia.

Näin me saamme selville olemmeko me todellisia rauhantekijöitä. Yleensä se tarkoittaa rauhassa olemista niiden kanssa jotka ovat meille ystävällisiä. Jumala kuitenkin käskee meitä olemaan rauhassa kaikkien kanssa ja olevan pyhittynyt.

"Pyrkikää rauhaan kaikkien kanssa ja pyhitykseen,

sillä ilman sitä ei kukaan ole näkevä Herraa" (Hepr. 12:14).

Meidän pitäisi pystyä olemaan rauhassa jopa niiden kanssa jotka eivät pidä meistä tai jotka vihaavat meitä tai aiheuttavat meille vaikeuksia. Voi kenties vaikuttaa siltä että me olemme täysin oikeassa, mutta tämä ei kuitenkaan ole oikein Jumalan silmissä jos toinen henkilö kokee vaikeita aikoja tai on tuntee olonsa meidän tähtemme epämukavaksi. Kuinka me voimme sitten olla rauhassa kaikkien kanssa?

Ole Jumalan kanssa rauhassa

Ensiksi, sinun täytyy olla Jumalan kanssa rauhassa.

Jesaja 59:1-2 sanoo: *"Katso, ei Herran käsi ole liian lyhyt auttamaan, eikä hänen korvansa kuuro kuulemaan: vaan teidän pahat tekonne erottavat teidät Jumalastanne, ja teidän syntinne peittävät teiltä hänen kasvonsa, niin ettei hän kuule."* Tehdessämme syntiä tämä synti työntää meidät pois Jumalasta.

Joten Jumala kanssa rauhassa oleminen tarkoittaa sitä että meidän välillämme ei ole synnistä johtuvaa synnin muuria.

Ottaessamme Jeesuksen Kristuksen vastaan me saamme kaikki tuohon hetkeen mennessä tekemämme synnit anteeksi (Ef. 1:7) Tämän tähden meidän ja Jumalan välillä oleva synnin muuri tuhoutuu ja rauha laskeutuu välillemme.

Meidän täytyy kuitenkin muistaa että tämä synnin muuri nousee jälleen välillemme jos me alamme taas tehdä syntiä sen jälkeen kun meille on jo annettu anteeksi.

Raamattu selittää kuinka synti aiheuttaa monenlaisia ongelmia. Jeesus antoi halvaantuneelle miehelle tämän synnit anteeksi parantaessaan tämän Matteuksen 9. luvussa. Parannettuaan 38 vuotta sairaana olleen miehen Hän sanoi Johanneksen evankeliumin jakeessa 5:14 seuraavasti: *"Katso, sinä olet tullut terveeksi; älä enää syntiä tee, ettei sinulle jotakin pahempaa tapahtuisi."*

Me voimme täten siis olla rauhassa Jumalan kanssa kun me kadumme syntejämme, käännymme niistä pois ja elämme Jumalan sanan mukaan. Tällöin meitä siunataan Hänen lapsinaan. Me parannumme ja tervehdymme jos me olemme kärsineet sairaudesta, ja jos me olemme kärsineet taloudellisista ongelmista me vapaudumme niistä ja tulemme vauraiksi. Täten me voimme saada vastauksia sydämemme toiveisiin.

Ole itsesi kanssa rauhassa

Niin kauan kun meissä on vihaa, kateutta, mustasukkaisuutta ja muuta pahaa ne tulevat kaikki nousemaan pinnalle tilanteen mukaan. Näin me joudumme kärsimään niistä emmekä me voi olla rauhassa.

Korealainen sanonta sanoo, että: "Sinä saat mahakipua kun

sinun serkkusi ostaa maata." Tämä ilmaisu puhuu kateudesta. Ihminen kärsii kateudesta, eikä hän pidä siitä että toisilla menee häntä itseään paremmin. Mekään emme voi olla rauhassa niin kauan kun meidän sydämessämme on kateutta, mustasukkaisuutta, ylpeyttä, riidanhaluisuutta, haureutta ja muita pahan muotoja. Meissä asuva Pyhä Henki huokailee ja niin meidän sydämemme on levoton.

Voidaksemme olla itsemme kanssa rauhassa meidän tulee siis heittää kaikki paha pois sydämestämme ja seurata Pyhän Hengen haluja.

Jumala lähettää Pyhän Hengen lahjan sydämeemme kun me otamme Jeesuksen Kristuksen vastaan ja olemme Jumalan kanssa rauhassa (Ap. t. 2:38).

Pyhä Henki, Jumalan sydän, antaa meidän kutsua Jumalaa "Isäksi." Hän antaa meidän ymmärtää mitä synti, vanhurskaus ja tuomio ovat. Tällöin Jumalan lapset voivat elää Jumalan sanan mukaan Pyhän Hengen ohjaamana.

Jumala iloitsee sydämessämme kun me noudatamme Hänen sanaansa ja seuraamme Pyhän Hengen ohjaamana sen haluja. Näin meidän sydämessämme asuu rauha ja me voimme olla itsemme kanssa rauhassa.

Meidän ei tarvitse myöskään kamppailla syntejä vastaan kun me heitämme kaikenlaisen pahan pois sydämestämme, ja niin me voimme olla täydessä rauhassa itsemme kanssa. Me voimme olla muiden kanssa rauhassa vasta sitten kun me olemme itsemme kanssa rauhassa.

Ihmisten kanssa rauhassa

Joskus me näemme ihmisiä jotka ovat todella intohimoisia Jumalalta saamiensa velvollisuuksien suhteen. He rakastavat Jumalaa ja omistautuvat Hänelle, mutta tästä huolimatta he eivät elä rauhassa muiden uskon veljien kanssa.

He eivät kuuntele muiden mielipiteitä vaan jatkavat intohimoisesti työtään jos he uskovat tämän hyödyttävän Jumalan valtakuntaa. He eivät välitä siitä että toisten mielipiteet eroavat täysin heidän omista mielipiteistään tai siitä että he ovat pahoittaneet jonkun mielen.

Hyvyyttä sisällään kantavat ihmiset ottavat kuitenkin jokaisen huomioon niin että he voivat olla rauhassa ja hyväksyä kaikki. Näin monet ihmiset lähestyvät heitä.

Hyvyys on totuudessa olevaa hyvyyttä seuraava totuuden sydän. Se on ystävällisyyttä ja anteliasuutta. Se on myös sitä että me pidämme muita itseämme parempana ja huolehdimme muista (Fil. 2:3-5).

Matteus 12:19-20 sanoo: *"Ei hän riitele eikä huuda, ei hänen ääntänsä kuule kukaan kaduilla. Särjettyä ruokoa hän ei muserra, ja suitsevaista kynttilänsydäntä hän ei sammuta, kunnes hän saattaa oikeuden voittoon."*

Me emme riitele muiden kanssa jos meissä on tällaista hyvyyttä. Me emme yritä ylpeillä tai tuoda itseämm esiin. Me rakastamme jopa niitä jotka ovat yhtä heikkoja kuin särjetty ruoko tai yhtä pahoja kuin suitsevainen kynttilä. Me

hyväksymme heidät kaikki parasta toivoen.
 Kuvittele, että vanhempi poika ostaa vanhemmilleen hyvän lahjan koska hän rakastaa heitä. Miltä hänen vanhemmistaa tuntuu jos hän kuitenkin kritisoi veljiään jotka eivät pysty tekemään samaa? Luultavasti he haluaisivat mielummin heidän lastensa olevan keskenään rauhassa ja rakastavan toisiaan kuin vastaanottavan kalliita ja hyviä lahjoja.
 Samalla tavalla enemmän kuin Jumala tahtoo meidän tekevän suuria tekoja Hän tahtoo meidän ymmärtävän Hänen sydäntään ja olevan sen kaltaisia. Meidän pitää ottaa heikkouskoisemmat huomioon rauhan tähden ellei tämä ole täysin epätotuuden mukaista.
 Koko sinä aikana kun minä olen toiminut tämän kirkon pastorina minä en ole koskaan tuntenut negatiivisia tunteita niitä kirkon pastoreita tai työntekijöitä kohtaan jotka eivät ole kantaneet hyviä hedelmiä. Minä katsoin heihin uskossa ja pitkämielisesti kunnes he saivat Jumalalta enemmän voimaa velvollisuuksiensa kunnolla täyttämiseen.
 Jos minä olisin pitänyt näkökannastani kiinni minä olisin voinut neuvoa heitä, sanoen: "Miksi sinä tee muuta työtä, kerää voimia ensi vuotta varten ja sitten palaa tähän työhön?"
 Minä en kuitenkaan tehnyt näin sillä en tahtonut lannistaa ketään. Me voimme olla rauhassa kaikkien ihmisten kanssa kun me hyvyytämme emme tallaa särjettyä ruokoa tai sammuta suitsevaista kynttilää.

Rauha uhriemme kautta

Joh. 12:24 sanoo: *"Totisesti, totisesti minä sanon teille: jos ei nisun jyvä putoa maahan ja kuole, niin se jää yksin; mutta jos se kuolee, niin se tuottaa paljon hedelmää."* Me voimme siis elää rauhassa ja kantaa runsaasti hedelmää kun me uhraamme itsemme täysin kaikilla osa-alueilla. Kun siemen putoaa maahan ja kuolee, se voi itää ja kantaa paljon hedelmää. Mitä Jeesus teki? Hän uhrasi itsensä kokonaan. Hänet ristiinnaulittiin ihmiskunnan puolesta, joka on täynnä syntisiä. Hän avasi oven pelastukseen ja ohjasi sille lukemattomia Jumalan lapsia.

Myös me voimme saada rauhan kauniin hedelmän kun me uhraamme ensin ja kun me palvelemme muita jokaisella osa-alueella tapahtui tämä sitten perheessä, työpaikalla tai kirkossa.

Jokaisen uskon mitta on eri (Room. 12:3). Jokaisen mielipiteet ja ideat ovat erilaisia. Koulutus, luonteenpiirteet ja olosuhteet jotka muokkaavat niitä ovat kaikki erilaisia, ja niin jokaisen mielipiteet siitä mikä on oikein ja mikä on hyvää ovat erilaisia.

Jokaisen standardit ovat erilaisia, ja niin me emme voisi koskaan olla rauhassa jos jokainen pitäisi kiinni omista mielipiteistään. Meidän täytyy uhrata itsemme rauhan puolesta vaikka me saattaisimmekin olla oikeassa ja vaikka meidän olomme saattaisikin olla hankala muiden tähden.

Kuvittele, että kaksi täysin erilaisista elämäntavoista nauttivaa sisarta jakaa yhden huoneen. Vanhempi sisaruksista pitää siitä että kaikki on puhdasta mutta nuorempi sisar on ei ole tällainen. Vanhempi sisar pyytää nuorempaa muuttumaan. Vanhempi sisar saattaa ärtyä jos hänen nuorempi sisar ei kuuntele muutamaan otteeseen. Lopulta hän antaa tämän myös näkyä ja tämä johtaa riitaan.

Tässä tapauksessa on tietenkin parempi jos huone on puhdas, mutta ei ole kuitenkaan oikein että me suutumme ja loukkaamme muita sanoillamme. Mahdollisesta omasta epämukavuudesta huolimatta meidän pitää odottaa rakkaudella kunnes toinen henkilö muuttuu niin että me voimme elää rauhassa.

Eräs Minson-niminen mies oli menettänyt äitinsä hyvin nuorella iällä. Hänellä oli äitipuoli jolla oli kaksi nuorempaa poikaa.

Tämä äitipuoli kohteli Minsonia kaltoin. Hän antoi ruokaa ja hyviä vaatteita ainoastaan omille pojilleen ja Minsonin täytyi hytistä kylmässä kaisloista tehdyissä vaatteissa.

Eräänä kylmänä talvipäivänä Minson työnsi isänsä vetämiä kärryjä ja vapisi niin paljon että se tuntui jopa itse kärryssä. Hänen isänsä koetti poikansa vaatteita ja tajusi lopulta että hänen pojallaan oli kaislasta tehdyt vaatteet.

"Kuinka hän voi tehdä näin?" Hän oli raivoissaan ja aikoi potkaista tämän uuden vaimon talostaan. Minson kuitenkin pyysi ettei isä tekisi näin. "Isä, älä ole vihainen. Niin kauan kuin äiti on täällä vain yksi poika kärsii, mutta jos hänet potkaistaan pois kaikki kolme poikaa kärsivät." Äitipuoli liikuttui kuulemastaan. Hän katui vääryyksiään kyynelsilmin tästä lähtien perhe eli rauhallista elämää. Pumpulin tapaista nöyryyttä omaavat eivät riitele tai joudu muiden kanssa hankaluuksiin. He ovat kaikkialla tervetulleita ja rakastettuja. He voivat uhrata itsensä jopa oman elämänsä antamiseen saakka.

Aabraham, rauhantekijä

Useimmat ihmiset tahtovat elää rauhassa mutta eivät kuitenkaan pysty siihen. Tämä johtuu siitä että he ajavat omia etujaan.

Se että me emme aja omia etujamme saattaa näyttää siltä että se aiheuttaa meille tappioita, mutta uskon silmissä näin ei kuitenkaan ole. Jumalaa palkitsee meidät vastauksillaan ja siunauksillaan kun me seuraamme Hänen tahtoaan ja ajamme muiden etuja ennen omiamme.

Genesiksen 13. luku kertoo Aabrahamista ja hänen veljenpojastaan Lootista. Loot oli menettänyt isänsä aikaisessa elämänvaiheessa ja hän seurasi Aabrahamia kuin tämä olisi hänen oikea isänsä. Tämän johdosta hän sai siunauksia kun Jumala rakasti ja siunasi Aabrahamia. Heidän omaisuutensa olivat merkittäviä. Heillä oli hopean ja kullan lisäksi paljon karjaa. Tästä syystä heillä ei ollut tarpeeksi vettä, ja tämä johti siihen että heidän paimenensa alkoivat riidellä keskenään. Ehkäistääkseen perheen sisäisiä riitoja Aabraham päätti jakaa asuinsijat. Aabraham antoi Lootin valita itselleen ensin parempi maa-ala.

"Eikö koko maa ole avoinna edessäsi? Eroa minusta. Jos sinä menet vasemmalle, niin minä menen oikealle, tahi jos sinä menet oikealle, niin minä menen vasemmalle" (Genesis 13:9).

Loot valitsi Jordan-laakson sillä siinä oli paljon vettä. Aabrahamin näkökulmasta Lootia oli siunattu hänen tähtensä, ja perhejärjestyksen mukaan Aabraham oli setä ja Loot oli veljenpoika. Näin hän olisi siis itse voinut valita paremman maan ensin. Jos Aabraham olisi antanut valinnanvapauden Lootille pelkkänä eleenä, hän olisi pitänyt Lootin valintaa hyvin epäsopivana.

Aabraham halusi kuitenkin sydämensä pohjasta että hänen veljenpoikansa Looti saisi paremman maan. Tämän tähden hän saattoi olla rauhassa Lootin kanssa, ja tämän johdosta Jumala siunasi häntä yhä enemmän.

Ja Herra sanoi Abramille, sen jälkeen kuin Loot oli hänestä eronnut: "Nosta silmäsi ja katso siitä paikasta, missä olet, pohjoiseen, etelään, itään ja länteen. Sillä kaiken maan, jonka näet, minä annan sinulle ja sinun jälkeläisillesi ikuisiksi ajoiksi. Ja minä teen sinun jälkeläistesi luvun paljoksi kuin maan tomun. Jos voidaan lukea maan tomu, niin voidaan lukea myöskin sinun jälkeläisesi. Nouse ja vaella maata pitkin ja poikin, sillä sinulle minä sen annan" (Genesis 13:14-17).

Tästä eteenpäin Aabrahamin vauraus ja valta olivat niin suuria että jopa kuninkaat kunnioittivat häntä. Hänen hyvän sydämensä ansiosta häntä jopa kutsuttiin 'Jumalan ystäväksi.'

Kaikessa muiden etuja ajavat toimivat niin kuin muut tahtovat, eivät mitä he itse haluavat. Jos häntä lyödään oikealle poskelle, hän kääntää esiin vasemman. Hän antaa viittansa lisäksi vaippansa jos joku pyytää häneltä viittaa, ja hän kulkee kaksia mailia niiden kanssa jotka pyytävät häntä kulkemaan yhden mailin (Matteus 5:39-41).

Jeesus rukoili Häntä ristiinnaulitsevien puolesta, ja niin tämänkaltainen henkilö voi rukoilla vihamiehiensä ja heidän siunaustena puolesta. Hän voi rukoilla häntä vainoavien puolesta. Me voimme elää rauhassa kun me uhraamme itsemme vilpittömällä sydämellä ja ajattelemme muiden etua aina ensin.

Rauha ainoastaan totuudessa

Meidän täytyy olla varovaisia sen suhteen että on eri asia olla kärsivällinen ja peitellä toisen virheitä rauhan luomiseksi kun olla täysin välinpitämätön jonkin suhteen. Rauha ei tarkoita sitä että me vain vältämme tai teemme kompromisseja syntiä tekevän veljen kanssa. Meidän täytyy olla kaikkien kanssa rauhassa mutta meidän täytyy myös olla totuuden kanssa rauhassa.

Joku perheenjäsenemme tai työtoverimme voi esimerkiksi pyytää meitä kumartamaan väärää jumalaa. He voivat kenties pyytää meitä juomaan alkoholia. Tämä on Jumalan sanan vastaista (Exodus 20:4-5; Ef. 5:18) joten meidän täytyy kieltäytyä ja valita Jumalaa miellyttävä polku.

Meidän pitää kuitenkin olla viisas kun me teemme näin. Meidän ei pidä loukata toisten tunteita, vaan olla aina ystävällinen heitä kohtaan. Meidän täytyy voittaa heidän sydämensä uskollisuudellamme, ja sitten vasta me voimme suostutella heitä lempeällä sydämellä ja pyytää heidän ymmärrystään.

Tämä on erään kirkkomme sisaren todistus. Saatuaan erään työpaikan hänellä alkoi olla ongelmia eräiden hänen kollegoidensa kanssa. He tahtoivat hänen tulevan heidän mukaansa huvituksiin ja muihin menoihin sunnuntaisin, mutta hän tahtoi pyhittää Herran päivän.

Joten hänen kollegansa ja esimiehensä jättivät hänet tahallaan ulkopuolelle. Hän ei kuitenkaan piitannut tästä vaan jatkoi uskollisesti työn tekemistä, juosten joskus vapaaehtoisesti muiden puolesta asioitakin. Hänen kollegansa liikuttuivat tästä kun he näkivät hänen antavan tämänkaltaista Kristuksen tuoksua. Nyt he tapaavat muina päivinä kuin sunnuntaisin, ja he jopa valitsivat hääpäiväkseenkin sunnuntain sijasta lauantain.

Jumalan lapsiksi kutsutuksi tulemisen siunaus

Matteus 5:9 sanoo: *"Autuaita ovat rauhantekijät, sillä heidät pitää Jumalan lapsiksi kutsuttaman."* Kuinka suuri siunaus onkaan tulla kutsutuksi Jumalan lapseksi! Tässä 'lapsilla' ei viitata ainoastaan poikiin vaan kaikkiin Jumalan lapsiin. Tämä kuitenkin eroaa hieman Galatalaiskirjeen 3:26 'lapseista.' *"Sillä te olette kaikki uskon kautta Jumalan lapsia Kristuksessa Jeesuksessa."* Galatalaiskirjeessä ainoastaan lapset pelastuvat. Rauhantekijät, 'Jumalan lapset', pitävät sisällään kuitenkin syvemmän hengellisen merkityksen. He ovat Jumalan itsensä tunnustamia, Hänen uskollisia lapsiaan.

Kaikki Jeesuksen Kristuksen vastaan ottaneet ja Jumalaan uskovat ovat Jumalan lapsia. Joh. 1:12 sanoo: *"Mutta kaikille, jotka ottivat hänet vastaan, hän antoi voiman tulla Jumalan lapsiksi, niille, jotka uskovat hänen nimeensä."*

Kaikki uskovat eivät kuitenkaan ole samanlaisia vaikka me olemmekin kaikki tulleet pelastetuiksi ja Jumalan lapsiksi.

Esimerkiksi lapsikatraiden joukossa on muutamia lapsia jotka ymmärtävät vanhempiensa sydämiä ja antavat heille lohtua kun toiset lapset vain tekevät heidän elämänsä vaikeammaksi.

Myös Jumalan näkökulmasta jotkut Hänen lapsistaan heittävät pahan pois sydämestään nopeasti ja noudattavat Hänen tahtoaan kun taas toiset lapset eivät muutu edes pitkän ajan kuluttua. He vain jatkavat niskoittelua.

Mitä lapsia Jumala pitäisi tässä parempina? Tietenkin Herraa muistuttavia, puhtaan sydämen omaavia ja sanaa noudattavia lapsia. Joten Genesis 17:1 sanoo: "*Minä olen Jumala, Kaikkivaltias; vaella minun edessäni ja ole nuhteeton.*" Jumala tahtoo Hänen lastensa olevan nuhteettomia ja täydellisiä.

Meidän tulee muistuttaa Jeesuksen, meidän Pelastajamme kuvaa jotta meitä voitaisiin kutsua Jumalan lapseksi (Room. 8:29). Jeesuksesta, Jumalan Pojasta, tuli rauhantekijä uhraamalla itsensä jopa ristille saakka.

Myös meitä voidaan kutsua Jumalan lapsiksi kun me olemme Jeesuksen kaltaisia uhratessamme itsemme ja etsiessämme rauhaa. Me voimme myös nauttia samasta hengellisestä auktoriteetista ja voimasta kuin Jeesus (Matteus 10:1).

Jeesus paransi monia sairauksia, ajoi ulos demoneita ja herätti kuolleita, ja samalla tavalla mekin voimme parantaa jopa parantumattomia, syövän, AIDSin ja leukemian kaltaisia sairauksia jos meitä kutsutaan Jumalan lapsiksi. Parannuksen työt ylittävät ajan ja paikan rajoitukset. Ihmeelliset työt voivat käydä toteen myös kantamiemme esineiden kautta, niin kuin esimerkiksi Paavalin tapauksessa kävi nenäliinan kanssa (Ap. t. 11-12).

Myös mekin voimme tällöin muuttaa säätiloja samalla tavalla kuin Jeesus rauhoitti tuulia ja aaltoja (Matteus 8:26-27). Sateet lakkaavat ja me voimme muuttaa hirmumyrskyjen suuntaa tai saada sen katoamaan. Me voimme nähdä sateenkaaria jopa kirkkaana päivänä.

Jumalan lapsina me saamme tämän lisäksi astua Uuteen Jerusalemiin missä sijaitsee Jumalan valtaistuin. Siellä me voimme nauttia kunniasta ja kirkkaudesta Hänen lapsinaan. Me pääsemme Paratiisiin jos meillä on tarpeeksi uskoa tulla pelastuneeksi mutta jos meistä tulee uskollisia lapsia joita kutsutaan Jumalan lapsiksi me pääsemme Uuteen Jerusalemiin, taivaallisen kuningaskunnan kauneimpaan asuinpaikkaan.

Kuinka suuren kunnian ja kirkkauden saakaan osakseen valtaistuimelle nouseva prinssi? Meidän kunniamme ja arvokkuutemme tulee olemaan valtaisa jos me olemme kaikkea hallitsevan Jumalan kaltaisia ja meitä kutsutaan Jumalan lapseksi. Taivaalliset isännät ja enkelit saattelevat meitä ja lukemattomat ihmiset ylistävät meitä taivaallisessa kuningaskunnassa ikuisesti.

Me saamme myös nauttia kaikenlaisista kauniista asioista ja suurista ja loistavista taloista ihmeellisessä Uudessa Jerusalemissa. Me tulemme elämään ikuisesti kuvailemattoman suuressa onnessa.

Meidän tulee siis ottaa oma ristimme ja alkaa rauhatekijöiksi itsensä aina ristiinnaulitsemiseen saakka uhranneen Herran sydämen tavoin, niin että me voimme ottaa vastaan Jumalan suuren rakkauden ja siunauksia.

Luku 8
Kahdeksas siunaus

Autuaita ovat ne,
joita vanhurskauden tähden vainotaan,
sillä heidän on taivasten valtakunta

Matteus 5:10

Autuaita ovat ne, joita vanhurskauden tähden vainotaan, sillä heidän on taivasten valtakunta

"Usko Jeesukseen Kristukseen ja pelastu."

"Sinä voit saada kaikissa asioissa siunauksia uskomalla kaikkivaltiaaseen Jumalaan."

Saarnaajat sanovat usein että uskomalla Jeesukseen Kristukseen me voimme saada itsellemme pelastuksen ja siunauksia kaikissa asioissa, ja että me voimme olla kaikessa menestyksekkäitä ja saada vastauksia kaikenlaisiin elämän ongelmiin. Pelkästään tässä kirkossa me kirkastamme Jumalaa suuresti lukuisilla todistuksilla joka viikko. Raamattu kuitenkin sanoo myös että Jeesukseen Kristukseen uskominen tuo meille vaikeuksia ja vainoa. Me saamme siunaukseksi ikuisen elämän ja siunauksia tämän maan päällä sen mukaan kuinka paljon me olemme antaneet ja uhranneet Herran puolesta. Me saamme tällöin kuitenkin myös vainoja osaksemme (Fil. 1:29).

Jeesus sanoi: 'Totisesti minä sanon teille: ei ole ketään, joka minun tähteni ja evankeliumin tähden on luopunut talosta tai veljistä tai sisarista tai äidistä tai isästä tai lapsista tai pelloista, ja joka ei saisi satakertaisesti: nyt tässä ajassa taloja ja veljiä ja sisaria ja äitejä ja lapsia ja peltoja, vainojen keskellä, ja tulevassa maailmassa iankaikkista elämää' (Mark. 10:29-30).

Vanhurskauden tähden vainotuksi tuleminen

Mitä tarkoittaa vanhurskauden tähden vainotuksi tuleminen? Se on vainoa jota me kohtaamme sillon kun me elämme Jumalan sanan mukaan totuutta, hyvyyttä ja kirkkautta seuraten. Meidän ei tietenkään tarvitse kohdata vainoa jos me teemme kompromisseja emmekä me elä kunnollista kristillistä elämää. 2. Tim. 3:12 sanoo kuitenkin seuraavasti: *"Ja kaikki, jotka tahtovat elää jumalisesti Kristuksessa Jeesuksessa, joutuvat vainottaviksi."* Me voimme kohdata vaikeuksia tai joutua vainotuksi ilman syytä jos me seuraamme Jumalan sanaa.

Me voimme esimerkiksi juoda ja kiroilla tai käyttäytyä rumasti jos me emme usko Herraan. Saatuamme Jumalan armon osaksemme me yritämme kuitenkin lopettaa juomisen ja elää hyvää elämää. Luonnollisesti me yritämme pysytellä erossa sellaisista kollegoista ja ystävistä jotka eivät ole uskossa. Vaikka me jatkaisimme heidän kanssaan seurustelemista, he eivät pysty nauttimaan samoista asioista kuin ennen, ja siten he saattavat olla pettyneitä tai sanoa jotakin meidän uuden käyttäytymisemme vastaista.

Myös minulla oli useita ystäviä joilla oli tapana juoda kanssani ennen kuin minä otin Herran vastaan. Meillä oli myös tapana juoda paljon kun me kokoonnuimme yhteen sukulaisten kesken. Otettuani Herran vastaan minä kuitenkin ymmärsin herätyskokouksen aikana Jumalan tahdon, joka ei tahdo että me olemme humalassa. Minä lopetin juomisen saman tien.

Minä en tarjonnut enää alkoholipitoisia juomia veljilleni, muille sukulaisille tai ystävilleni. He valittivat minulle, sanoen että minä en kohdellut heitä niin kuin minun olisi kuulunut. Ottaessamme Herran vastaan ja pyhittäessämme lepopäivämme me emme voi myöskään aina ottaa osaa työpaikan ulkoiluihin tai muihin sosiaalisiin tapahtumiin. Evankelioimattomassa perheessä meitä voidaan jopa vainota sen tähden että me emme palvo epäjumalia.

Paha vihaa kirkkautta

Miksi meidän pitää sitten kärsiä jos me uskomme Herraan? Tämä on samanlainen asia kuin öly ja vesi jotka eivät sekoitu keskenään. Jumala on kirkkaus, ja Herraan uskovat ja sanassa elävät kuuluvat hengellisesti kirkkauteen (1. Joh. 1:5). Tämän maailman hallitsija on kuitenkin paholais-vihollinen ja Saatana, pimeyden ruhtinas (Ef. 6:12).

Pimeys katoaa kirkkauden tieltä ja siten paholaisen ja Saatanan vaikutusvalta vähenee kirkkauden kaltaisten uskovien määrän noustessa. Paholais-vihollinen ja Saatana voivat kontrolloida heille kuuluvia ihmisiä. He usuttavat heitä vainoamaan uskovia niin että uskovia ei olisi enää olemassa.

Joh. 3:20-21 sanoo: "Sillä jokainen, joka pahaa tekee, vihaa valkeutta eikä tule valkeuteen, ettei hänen tekojansa nuhdeltaisi. Mutta joka totuuden tekee, se tulee valkeuteen, että hänen tekonsa tulisivat julki, sillä ne ovat Jumalassa tehdyt."

Hyvän sydämen omaavat liikuttuvat ja ottavat evankeliumin omakseen kun he näkevät kuinka toiset elävät Jumalan sanan mukaisesti vanhurskaudessa. Pahat ihmiset kuitenkin pitävät tällaisia asioita hölmöytenä. He vihaavat tätä ja vainoavat uskovia tämän tähden. Jotkut yrittävät suostutella uskovia logiikallaan. He sanovat: "Pitääkö sinun olla niin fundamentalisti? Monet ovat kasvaneet kristityissä perheissä ja tulleet jopa kirkon vanhemmiksi ja hekin juovat." Jumalan lasten ei tule kuitenkaan koskaan toimia Jumalan vihaaman epävanhurskauden tapaisesti ainostaan sen tähden että heidän kollegansa, sukulaisensa tai ystävänsä loukkaantuisivat muutoin väliaikaisesti.

Jumala antoi meille syntisille Hänen ainoan poikansa. Jeesus sieti kaikenlaista pilkkaa ja vainoa kuollen lopulta syntiemme puolesta ristillä. Tätä rakkautta ajatellessamme me emme voi tehdä maailman kanssa kompromissia edes minkäänlaisen vainon alla pelkän väliaikaisen lohdun voittamiseksi.

Tapauksia joissa ihmisiä on vainottu heidän vanhurskautensa tähden

Vuonna 605 eKr Babylonian Nebukadnessar valloitti Israelin. Tällöin Sadrak, Meesak ja Abednego joutuivat vangiksi yhdessä Danielin kanssa. He pitivät kiinni uskostaan Jumalaan jopa keskellä vierasta kulttuuria joka oli täynnä epäjumalanpalvontaa ja aistillisuutta.

Eräänä päivänä he joutuivat erittäin vaikeaan tilanteeseen. Kuningas valmistutti kultaisen patsaan ja käski jokaista maan asukasta kumartumaan sen edessä. Jokainen tätä kuninkaan käskyä rikkova tulisi heitetyksi tuliseen pätsiin.

Sadrak, Meesak ja Abednego olisivat voineet välttyä ongelmilta helposti pelkästään patsasta kumartamalla, mutta he eivät kuitenkaan tehneet näin.

Tämä johtui siitä mitä Exodus 20:4-5 sanoi: *"Älä tee itsellesi jumalankuvaa äläkä mitään kuvaa, älä niistä, jotka ovat ylhäällä taivaassa, älä niistä, jotka ovat alhaalla maan päällä, äläkä niistä, jotka ovat vesissä maan alla. Älä kumarra niitä äläkä palvele niitä. Sillä minä, Herra, sinun Jumalasi, olen kiivas Jumala, joka kostan isien pahat teot lapsille kolmanteen ja neljänteen polveen, niille, jotka minua vihaavat."*

Lopulta Danielin kolme ystävää heitettiin tuliseen pätsiin. Kuinka liikuttava heidän tunnustuksensa tällä hetkellä olikaan!

"Jos niin käy, voi meidän Jumalamme kyllä pelastaa meidät tulisesta pätsistä, ja hän pelastaa myös sinun kädestäsi, kuningas. Ja vaikka ei pelastaisikaan, niin tiedä se, kuningas, että me emme palvele sinun jumaliasi emmekä kumartaen rukoile kultaista kuvapatsasta, jonka sinä olet pystyttänyt" (Daniel 3:17-18).

Jopa keskellä hengenvaarallista tilannetta nämä kolme ystävystä kieltäytyivät tekemästä maailman kanssa kompromissia uskonsa tähden. Jumala näki heidän uskonsa ja pelasti heidät tulisesta pätsistä.

Omien vikojen tähden vainotuksi tuleminen

Meidän täytyy muistaa tässä että ihmisten vaino johtuu usein heidän omista vioistaan eikä heidän vanhurskaudestaan niin kuin tapahtui Danielin ja hänen kolmen ystävänsä tapauksessa. On esimerkiksi uskovia jotka eivät täytä velvollisuuksiaan sanoen tekevänsä Jumalan työtä.

Perheenjäsenet vainoaisivat oppilaita tai kotiäitejä jos nämä eivät keskittyisi opintoihin tai pitäisi huolta taloudesta kirkon aktiviteettien tähden. Tämä vaino johtuu siitä että he eivät ole huomioineet opintojaan tai taloustöitään. He kuitenkin käsittävät väärin luullen vainonsa johtuvan heidän uskostaan.

Kenties uskova ei tee ahkerasti työtä työpaikallaan ja siten hän yrittää vierittää töitään muiden tehtäväksi käyttäen kirkkoa tekosyynään. Tällöin hän saa työpaikaltaan varoituksen tai toruja. Myöskään tämä ei ole vanhurskauden tähden vainotuksi tulemista.

1. Piet. 2:19-20 sanoo: *"Sillä se on armoa, että joku omantunnon tähden Jumalan edessä kestää vaivoja, syyttömästi kärsien. Sillä mitä kiitettävää siinä on, jos te olette kärsivällisiä silloin, kun teitä syntienne tähden piestään? Mutta jos olette kärsivällisiä, kun hyvien tekojenne tähden saatte kärsiä, niin se on Jumalan armoa."*

Autuaita ovat vanhurskauden tähden vainotut

Matteus 5:10 sanoo: *"Autuaita ovat ne, joita vanhurskauden tähden vainotaan, sillä heidän on taivasten valtakunta."* Miksi Raamattu sanoo että he ovat autuaita? Pahuuden tai lainvastaisuuden tähden koettu vaino ei voi olla siunaus tai palkinto. Vanhurskauden tähden koettu vaino on kuitenkin siunaus sillä sen kokenut henkilö pääsee taivaalliseen kuningaskuntaan.

Maa kovettuu sateen jälkeen ja samalla tavalla meidän sydämemme tulee olemaan kiinteämpi ja täydellisempi vainon jälkeen. Me voimme löytää ja heittää pois epätotuudet joista me emme olleet aikaisemmin tietoisia. Me voimme jalostaa nöyryyttä ja rauhaa ja olla Herran sydämen kaltaisia ja rakastaa jopa vihamiehiämmekin.

Ennen me olisimme suuttuneet ja lyöneet takaisin jos joku olisi lyönyt meitä poskelle. Vainojen kautta me olemme kuitenkin oppineet palvelemisesta ja rakkaudesta niin että me voimme jopa kääntää toisen posken meitä lyöneelle.

Aikaisemmin vaikeuksien tähden masentuneet ja niistä valittaneet voivat omata vakaan uskon vainojen kautta. Nyt heillä on toivoa taivaallisesta kuningaskunnasta ja he ovat kiitollisia ja iloisia kaikissa tilanteissa.

Antakaa minun kertoa todellinen esimerkki. Eräällä kirkkomme jäsenellä oli ongelmia erään toisen toimistossa työskentelevän miehen kanssa melkein joka asiassa. Tämä toinen mies haukkui uskovaa ilman mitään syytä. Hänellä ei ollut mitään syytä teoilleen ja tämä uskova mies joutui kärsimään suuresti tämän tähden.

Ihmiset olivat aina sanoneet että tämä uskova oli mukava mies, mutta tämän tilanteen kautta hän itse ymmärsi että hän kantoi sydämessään paljon vihaa. Hän päätti hyväksyä kollegansa sydämessään sillä Jumala käskee meitä rakastamaan jopa vihamiehiämmekin. Hän muisti mistä tämä toinen mies piti ja toi hänelle aina joskus herkkuja.

Hän myös rukoili tämän miehen puolesta ja tehdessään näin hän alkoi rakastaa häntä aidosti. Heidän suhteensa muuttui läheisemmäksi ja ystävällisemmäksi kuin muiden toimistossa työskentelevien ihmisten väliset suhteet.

Psalmi 119:71 sanoo: *"Hyvä oli minulle, että minut nöyryytettiin: niin minä opin sinun käskysi."* Kärsimysten kautta me voimme nöyrtää itsemme entistäkin enemmän. Me heitämme synnin ja pahuuden pois luottamalla Herraan, ja me muutumme pyhittyneeksi. Ajallaan vainot katoavat kokonaan pois.

Meidän uskomme kasvaa jos meitä vainotaan vanhurskautemme tähden. Tällöin meidän ympärillämme olevat kunnioittavat meitä ja me saamme myös Jumalan meille antamia hengellisiä ja materiaalisia siunauksia. Me saamme myös sitä paremman asuinsijan taivaallisessa kuningaskunnassa mitä enemmän me saavutamme vanhurskautta itsessämme. Kuinka suuri siunaus tämä onkaan!

Taivaallliset asuinsijat ja kirkkaudet ovat erilaisia

Miten sydämeltään köyhien taivas sitten eroaa vanhurskauden tähden vainottujen taivaasta? Vastaus tähän on, että nämä kaksi eroavat toisistaan suuresti. Ensiksi mainittu on se taivas johon kaikki pelastetut pääsevät. Jälkimmäinen taivas tarkoittaa sitä että me menemme sitä parempaan taivaan asuinsijaan mitä enemmän meitä on vanhurskauden tähden vainottu.

Taivaan asuinsijat ja palkkiot riippuvat siitä kuinka täydellisen pyhittymisen me olemme saavuttaneet ja tulleet siten Jumalan haluamaksi uskolliseksi lapseksi, sekä siitä, kuinka hyvin me olemme täyttäneet velvollisuutemme.

Joh. 14:2 sanoo: *"Minun Isäni kodissa on monta asuinsijaa. Jos ei niin olisi, sanoisinko minä teille, että minä menen valmistamaan teille sijaa?"*

1. Kor. 15:41 taas sanoo: *"Toinen on auringon kirkkaus ja toinen kuun kirkkaus ja toinen tähtien kirkkaus, ja toinen tähti voittaa toisen kirkkaudessa."* Tästä näkyy että taivaan asuinsijat ja kirkkaudet tulevat olemaan erilaisia sen mukaan kuinka suuren määrän vanhurskautta me olemme saavuttaneet.

Sydämeltään köyhät ovat ottaneet Herran vastaan ja saaneet oikeuden astua taivaalliseen kuningaskuntaan. Tämän jälkeen he voivat muuttua nöyräksi ja omata puhtaan sydämen suremalla ja katumalla syntejään heittääkseen ne pois. Heidän täytyy jatkaa uskossa kasvamista seuraamalla jatkuvasti vanhurskautta.

Vain pahuutensa ymmärtäneet ja sen pois heittäneet, ja vainojen ja koettelemusten kautta pyhittyneet pääsevät taivaan parhaisiin asuinsijoihin ja näkevät Isä Jumalan.

Herran vainot

Vainot katoavat sen mukaan kuinka paljon me saavutamme vanhurskautta. Uskomme kasvaessa me tulemme yhä enemmän täydelliseksi, ja tällöin useat ympärillämme olevat ihmiset kunnioittavat meitä. Lisäksi me saamme Jumalalta sekä hengellisiä että materiaalisia siunauksia. Tämä näkyy Danielin kolmen ystävän tapauksessa. Heitä vainottiin sen tähden että he pitivät kiinni vanhurskaudestaan Jumalaa kohtaan. Heidät heitettiin tuliseen pätsin joka oli seitsemän kertaa aikaisempaa kuumempi. Jumala kuitenkin suojeli heitä eikä yksikään heidän hiuksensa palanut. Myös kuningas ylisti kaikkivaltiasta Jumalaa nähdessään tämän Jumalan teon. Hän myös ylensi nämä kolme ystävystä.

Tämä ei kuitenkaan tarkoita sitä että kaikki vaino katoaa vain sen tähden että me olemme saavuttaneet täyden vanhurskauden Jumalan sanan mukaisesti elämällä. On vainoja joista Herran työntekijöiden on kärsittävä päästäkseen Jumalan kuningaskuntaan.

"Autuaita olette te, kun ihmiset minun tähteni teitä solvaavat ja vainoavat ja valhetellen puhuvat teistä

kaikkinaista pahaa. Iloitkaa ja riemuitkaa, sillä teidän palkkanne on suuri taivaissa. Sillä samoin he vainosivat profeettoja, jotka olivat ennen teitä" (Matteus 5:11-12).

Useat uskon isät kärsivät vapaaehtoisesti täyttääkseen Jumalan sanan. Ensinnäkin, Jeesus on alkuperältään Jumala. Hän on nuhteeton ja tahraton, mutta silti Hän otti vastaan syntisten rangaistuksen. Täyttääkseen pelastuksen suunnitelman Hän antoi itsensä tulla ruoskituksi ja ristiinnaulituksi kaikenlaisen pilkan ja halveksunnan keskellä.

Apostoli Paavali

Tutkiskelkaamme seuraavaksi apostoli Paavalia. Paavali loi maailmanlaajuisen lähetystyön perustukset saarnaamalla ei-juutalaisille evankeliumia. Hän perusti useita kirkkoja kolmen lähetysmatkansa aikana. Tämä ei ollut mikään helppo tehtävä. Hänen tunnustuksensa kertoo kuinka vaikeaa tämä oli.

"He ovat Kristuksen palvelijoita-puhun kuin mieltä vailla-minä vielä enemmän. Olen nähnyt vaivaa enemmän, olen ollut useammin vankeudessa, minua on ruoskittu ylen paljon, olen monta kertaa ollut kuoleman vaarassa. Juutalaisilta olen viidesti saanut neljäkymmentä lyöntiä, yhtä vaille; kolmesti olen

saanut raippoja, kerran minua kivitettiin, kolmesti olen joutunut haaksirikkoon, vuorokauden olen meressä ajelehtinut; olen usein ollut matkoilla, vaaroissa virtojen vesillä, vaaroissa rosvojen keskellä, vaaroissa heimoni puolelta, vaaroissa pakanain puolelta, vaaroissa kaupungeissa, vaaroissa erämaassa, vaaroissa merellä, vaaroissa valheveljien keskellä; ollut työssä ja vaivassa; paljon valvonut, kärsinyt nälkää ja janoa, paljon paastonnut, kärsinyt vilua ja alastomuutta" (2. Kor. 11:23-27).

Eräät ihmiset jopa vannoivat että he eivät söisi mitään ennen kuin he olisivat tappaneet Paavalin. Me voimme vain kuvitella kuinka suuria hänen kokemiensa kärsimysten on täytynytkään olla (Ap. t. 23:12). Mutta vainoista huolimatta apostoli Paavali oli aina riemuisa ja kiitollinen, sillä hänen sisällään asui toivo taivaasta.

Hän oli aina kuolemaan saakka uskollinen Jumalan kuningaskunnalle ja vanhurskaudelle omaa henkeään säästämättä (2. Tim. 4:7-8).

Jumalan miehet eivät kärsi sen tähden etteikö heillä olisi voimaa. Jeesus olisi ristillä ollessaan voinut kutsua yli 12 legioonaa enkeleitä ja tuhota kaikki paikalla olleet pahat ihmiset (Matteus 26:53).

Sekä Mooseksella että apostoli Paavalilla oli niin paljon voimia että ihmiset jopa pitivät heitä jumalina (Exodus 7:1; Ap. t. 14:8-11). Ihmiset veivät Paavalia koskettaneita nenäliinoja ja esiliinoja sairaille, jolloin heitä vaivanneet sairaudet ja demonit lähtivät heistä (Ap. t. 19:12).

He kuitenkin tiesivät että Jumalan suunnitelmat täyttyisivät paremmin heidän kärsimystensä kautta, ja siten he eivät yrittäneet välttyä tai vähentää kärsimyksiään vaan kantoivat osansa riemuiten. He saarnasivat Jumalan tahtoa palavalla intohimolla ja tekivät mitä Jumala käski heitä tekemään.

Suuret palkkiot kun me iloitsemme ja olemme onnellisia

Syy siihen että me voimme iloita ja olla onnellisia vaikka meitä vainotaan Herran nimen tähden on se, että me saamme suuren palkkion taivaassa tästä hyvästä (Matteus 5:11-12).

Ennen vanhaan kuninkailla oli uskollisia ministereitä joista osa oli jopa valmis uhraamaan henkensä kuninkaan puolesta. Kuninkaan kunnia ja maine oli suurempi heidän uskollisuutensa johdosta. Kuningas palkitsi neuvonantajien lapset suuresti jos yksi näistä neuvonantajista kuoli jostakin syystä.

Joh. 15:13 sanoo: *"Sen suurempaa rakkautta ei ole kenelläkään, kuin että hän antaa henkensä ystäväinsä edestä."* He todistivat rakkautensa kuningasta kohtaan uhraamalla oman henkensä.

Kuinka voisi Jumala, kaiken valtias, jättää asian olla jos meitä vainotaan ja me annamme henkemme Herran edestä? Hän kaataa päällemme käsittämättömiä taivaallisia siunauksia.

Hän antaa meille paremman asuinpaikan taivaallisessa kuningaskunnassa. Herran tähden kuolleet marttyyrit tunnustetaan heidän Herraa rakastavan sydämensä tähden. He pääsevät ainakin taivaan kolmanteen kuningaskuntaan tai jopa Uuteen Jerusalemiin.

Vaikka me emme olisikaan täysin pyhittyneitä mutta pystymme silti antamaan oman elämämme se tarkoittaa sitä että jos me saamme lisää aikaa me voimme tulla täysin pyhittyneeksi. Apostoli Paavali kärsi suuresti ja antoi jopa oman elämänsä Herralle. Hän pystyi kommunikoimaan Jumalan kanssa selvästi ja hän koki monia taivaan hengellisiä asioita. Hän näki Paratiisin ja siten hän tunnusti seuraavasti: *"Sillä minä päätän, että tämän nykyisen ajan kärsimykset eivät ole verrattavat siihen kirkkauteen, joka on ilmestyvä meihin"* (Room. 8:18).

Hän myös tunnusti jakeissa 2. Tim. 4:7-8 seuraavasti: *"Minä olen hyvän kilvoituksen kilvoitellut, juoksun päättänyt, uskon säilyttänyt. Tästedes on minulle talletettuna vanhurskauden seppele, jonka Herra, vanhurskas tuomari, on antava minulle sinä päivänä, eikä ainoastaan minulle, vaan myös kaikille, jotka hänen ilmestymistään rakastavat."*

Jumala ei unohda Herran tähden vainottujen tai jopa marttyyreiksi tulleiden uskollisuutta ja työtä. Hän maksaa nämä uhraukset takaisin ylitsevuotavalla kunnialla ja palkinnoilla. Apostoli Paavali tunnustuksen mukaisesti taivaassa odottavat ihmeelliset palkinnot sekä kirkkaus.

Kaikki mitä me olemme tehneet Herran edestä martyyriuden mukaisesti sekä kaikki vainoaminen jonka me olemme kärsineet Hänen tähtensä maksetaan meille palkintoina ja siunauksina vaikka me emme olisikaan menettäneet henkeämme fyysisesti.

Jumala myös täyttää sydämen toiveet ja täyttää ihmisten tarpeet jos he riemuitsevat siitä huolimatta että heitä vainotaan Herran tähden. Hän tekee näin todistaakseen että Hän on heidän kanssaan. Mitä suuremmassa määrin he päihittävät vaikeuksia, sitä suurempi heidän uskonsa tulee olemaan, ja he saavat sitä enemmän valtaa ja voimaa, ja he pystyvät kommunikoimaan Jumalan kanssa selvästi ja tekemään suuria Jumalan voiman töitä.

Herran puolesta elämänsä antaneet eivät kuitenkaan välitä siitä saavatko he mitään tämän maan päällä. He voivat iloita yhä enemmän sillä mitään ei voida verrata niihin taivaallisiin siunauksiin ja palkintoihin joista he saavat osansa myöhemmin.

Herran siunauksiin osaaottavien siunaukset

Meidän tulee muistaa yksi asia. Kun Jumalan lapsi kärsii tällä tavalla Herran tähden, myös hänen kanssaan olevat ihmiset saavat siunauksia.

Totuuden miehet tiesivät että Daavid oli Jumalan mies kun hänen poikansa Absalom jahtasi häntä hänen syntiensä tähden. Nämä miehet olivat pysyneet Daavidin luona vaikka heidän henkensä olivat olleet vaarassa. Kun Daavid sitten sai lopulta Jumalan laupeuden osakseen myös hänen rinnallaan pysyneet saivat tästä osansa.

On oikeudenmukaisen Jumalan tahto, että Jumalan lapsen kärsiessä Herran nimessä myös hänen kanssaan totuudenmukaisin sydämin olevat saavat osansa myöhemmästä kunniasta. Jeesus puhui opetuslapsilleen heitä odottavista taivaallisista palkkioista antaakseen heille toivoa.

"Mutta te olette pysyneet minun kanssani minun kiusauksissani; ja minä säädän teille, niinkuin minun Isäni on minulle säätänyt, kuninkaallisen vallan, niin että te saatte syödä ja juoda minun pöydässäni minun valtakunnassani ja istua valtaistuimilla ja tuomita Israelin kahtatoista sukukuntaa" (Luukas 22:28-30).

Minun täytyi kirkkomme kanssa kärsiä useista vainoista voidaksemme saavuttaa Jumalan kuningaskunnan. Me tiesimme että tämä oli Jumalan tahto, ja niin me saarnasimme syvistä hengellisistä asioista tietäen että tämä johtaisi meidän vainoamiseemme.

Me jouduimme kokemaan ihmiselle kestämättömiä vaikeuksia, mutta me jätimme kaiken Jumalan käsiin rukoillen ja paastoten. Jumala antoi meille tällöin entistä enemmän voimaa näyttääkseen olevansa kanssamme. Hän antoi meidän näyttää useita ihmeitä ja merkkejä. Lukuisten sairauksien lisäksi parantuivat myös monet heikkoudet, kuten synnynnäinen halvaus, sokeus, kuurous sekä syntymästä asti heikkoja olleet kehonosat.

Me saatoimme myös johdattaa satoja tuhansia ja jopa miljoonia ihmisiä Herran syliin moniin maihin suuntautuvien ristiretkien kautta. Eräs ristiretki sai koko maailman huomion sen jälkeen kun siitä puhuttiin CNN-kanavalla. Vuonna 2005 perustettiin GCN(Global Christian Network)-TV, ja se alkoi lähettää ohjelmaa ympäri vuorokauden New York Cityssä ja New Jerseyssä. Yhden vuoden sisällä sen perustamisesta Jumala siunasi sitä niin että kuka tahansa voi katsoa sitä missä päin maailmaa tahansa satelliitin avulla.

Madison Square Gardenissa heinäkuussa 2006 järjestetty New York Crusade lähetettiin yli 200 maahan GCN-, Cosmovision-, GloryStar Network-, ja Daystar TV-asemien kaltaisten kristillisten asemien kautta.

Tämän kunnian takaa löytyi kirkon jäsenten kyynelehtiviä rukouksia. Suurin osa kirkon jäsenistä piti sen rukouksissaan ja paastosi kun se oli vaikeassa tilanteessa.

Herran kärsimyksiin osaa ottaneilla oli ylitsevuotavainen toivo taivaallisesta kuningaskunnasta. He saivat rohkean ja hengellisen uskon. Kaikki tämä annettiin heille siunaukseksi. Heidän perheensä, työpaikkansa ja liikeyrityksensä olivat siunattuja. He antavat Jumalalle kunniaan todistuksillaan.

Todellista siunausta seuraavat pystyvät iloitsemaan ja olemaan riemullisia sydämensä pohjasta kun heitä vainotaan Herran tähden. Tämä johtuu siitä että he odottavat ikuisia siunauksia jotka he tulevat saamaan taivaallisessa kuningaskunnassa.

Oikeita siunauksia etsivä

Siunaus on Jumalan silmissä hyvin erilailainen asia kuin mitä maailmalliset ihmiset kuvittelevat sen olevan. Useimmat ihmiset luulevat rikkauden olevan siunaus. Jumala kuitenkin sanoo että sydämeltään köyhät ovat siunattuja. Ihmiset luulevat että onnellisuus on siunaus. Jumala kuitenkin sanoo että murehtijat ovat siunattuja. Jumala sanoo että vanhurskautta janoavat ja nöyrät ovat siunattuja.

Hyveet ovat siunattu ja totuuden mukainen tie taivaan kuningaskuntaan, jonne päästään köyhällä sydämellä ja Jumalan sydäntä vainojen avulla muistuttamalla.

Joten me voimme heittää kaikenlaisen pahan pois ja täyttää sydämemme totuudella jos me vain noudatamme sanaa. Me pystymme löytämään Jumalan nöyrän ja pyhän kuvan ja olemaan Hänelle mieluisia. Näin tullaan uskon ihmiseksi ja täyden uskon ihmiseksi.

Tämänkaltainen henkilö on kuin vedenrajaan istutettu puu. Vedenrajaan istutetut puut saavat enemmän tuoretta vettä kuin ne tarvitsevat. Jopa kuivuuden tai kuumien päivien aikana näissä puissa on vihreitä lehtiä ja ne kantavat runsaasti hedelmää (Jeremia 17:7-8).

Jumalan sanassa elävät uskovilla ei ole mitään pelättävää edes vaikeuksien aikana, sillä kaikki siunaukset virtaavat Jumalan sanasta. He tulevat aina kokemaan Jumalan rakkauden ja siunausten kädet.

Minä rukoilen Herramme nimessä, että sinä odotat sinulle paljastettavaa kirkkautta ja jalostat itsessäsi hyveitä. Minä rukoilen että sinä voisit nauttia Isä Jumalan sinulle antamista siunauksista sekä tämän maan päällä että taivaassa.

"Autuas se mies,
joka ei vaella
jumalattomain neuvossa
eikä astu syntisten teitä
eikä istu,
kussa pilkkaajat istuvat,
vaan rakastaa Herran lakia
ja tutkistelee hänen lakiansa päivät ja yöt!
Hän on niinkuin istutettu puu
vesiojain tykönä,
joka antaa hedelmänsä ajallaan
ja jonka lehti ei lakastu;
ja kaikki, mitä hän tekee,
menestyy
(Psalmi 1:1-3).

Kirjailija:
Dr. Jaerock Lee

Dr. Jaerock Lee syntyi Muanissa, Jeonnamin maakunnassa, Korean tasavallassa vuonna 1943. Kaksikymppisenä Dr. Lee kärsi erilaisista parantumattomista sairauksista seitsemän vuoden ajan ja odotti kuolemaa ilman toivoa parantumisesta. Eräänä päivänä keväällä 1974 hänen siskonsa johdatti hänet kirkkoon, ja kun hän kumartui rukoilemaan, elävä Jumala paransi hänet välittömästi kaikista hänen sairauksistaan.

Siitä hetkestä lähtien, kun hän kohtasi elävän Jumalan tuon ihmeellisen tapahtuman kautta, Dr. Lee on rakastanut Jumalaa vilpittömästi koko sydämellään, ja vuonna 1978 hänet kutsuttiin Jumalan palvelijaksi. Hän noudatti Jumalan sanaa ja rukoili kuumeisesti saadakseen selvyyden Jumalan tahdosta voidakseen toteuttaa sitä. Vuonna 1982 hän perusti Manminin keskuskirkon Soulissa, Koreassa, ja siitä lähtien kirkossa on tapahtunut lukemattomia Jumalan töitä mukaan lukien parantumisia ja muita ihmeitä.

Vuonna 1986 Dr. Lee vihittiin papiksi Korean Jeesuksen Sungkyul-kirkon vuotuisessa kirkkokokouksessa ja neljä vuotta myöhemmin vuonna 1990 hänen saarnojansa alettiin lähettää Australiassa, Venäjällä, ja Filippiineillä ja useisiin muihin maihin Far East Broadcasting Companyn, Asia Broadcast Stationin ja Washington Christian Radio Systemin kautta.

Kolme vuotta myöhemmin vuonna 1993 *Christian World Magazine* (USA) valitsi Manminin keskuskirkon yhdeksi "maailman 50:stä huippukirkosta", ja hän vastaanotti kunniatohtorin arvonimen jumaluusopissa Christian Faith Collegesta Floridassa ja vuonna 1996 teologian tohtorin arvonimen Kingsway Theological Seminarysta Iowassa.

Vuodesta 1993 lähtien Dr. Lee on johtanut maailmanlaajuista missiota useiden kansainvälisten ristiretkien kautta, jotka ovat suuntautuneet Tansaniaan, Argentiinaan, Los Angelesiin, Baltimore Cityyn, Havaijille ja New Yorkiin Yhdysvalloissa, Ugandaan, Japaniin, Pakistaniin, Keniaan, Filippiineille, Hondurasiin, Intiaan, Venäjälle, Saksaan, Peruun, Kongon demokraattiseen tasavaltaan, Israeliin ja Viroon.

Vuonna 2002 Korean kristilliset sanomalehdet kutsuivat häntä "kansainväliseksi pastoriksi" hänen lukuisten ulkomaisten ristiretkien aikana tekemänsä työn johdosta. Varsinkin hänen maailmankuulussa Madison Square Gardenissa järjestetty "New Yorkin Ristiretki 2006" lähetettiin yli 220 maahan. Jerusalemin kansainvälisessä kokouskeskuksessa järjestetyn vuoden 2009 "Israel United Ristiretken" aikana hän saarnasi rohkeasti siitä, kuinka Jeesus Kristus on Messias ja Pelastaja.

Hänen saarnojaan on lähetetty yli 176 maahan satelliittien välityksellä sekä GCN TV:n kautta. Vuosina 2009 ja 2010 suosittu venäläinen kristillinen lehti *In Victory* ja uutistoimisto *Christian Telegraphy* valitsi hänet yhdeksi maailman 10 vaikutusvaltaisimmasta kristillisestä johtajasta hänen voimallisten Tv-lähetystensä ja ulkomaille suuntautuneen työnsä tähden.

Lokakuussa 2018 Manminin keskuskirkko on seurakunta, joka muodostuu yli 130 000 jäsenestä sekä 11000 koti- ja ulkomaisesta jäsenkirkosta kautta maailman, mukaanlukien 56 kotimaista haarakirkkoa. Se on lähettänyt yli 102 lähetyssaarnaajaa 26 maahan, mukaan lukien Yhdysvaltoihin, Venäjälle, Saksaan, Kanadaan, Japaniin, Kiinaan, Ranskaan, Intiaan, Keniaan sekä useaan muuhun maahan.

Tähän päivään mennessä Dr. Lee on kirjoittanut 111 kirjaa, mukaan lukien bestsellerit *Ikuisen Elämän Maistaminen Ennen Kuolemaa, Elämäni ja Uskoni, Ristin Sanoma, Uskon Mitta, Henki Sielu ja Ruumis, Taivas I & II, Helvetti* sekä *Jumalan Voima*. Hänen teoksiaan on käännetty yli 76 kielelle.

Hän on kirjoittanut kristillisiä kolumneja useisiin sanomalehtiin, mukaanlukien *The Hankook Ilbo, The JoongAng Daily, The Dong-A Ilbo, The Chosun Ilbo, The Seoul Shinmun, The Kyunghyang Shinmun, The Hankyoreh Shinmun, The Korea Economic Daily, The Shisa New* ja *The Christian Press*.

Dr. Lee on tällä hetkellä usean lähetysorganisaation ja –seuran johdossa, mukaan lukien The United Holiness Church of Korea (presidentti), The World Christianity Revival Mission Association (pysyvä puheenjohtaja), Global Christian Network (GCN) (perustaja ja johtokunnan jäsen), The Worlds Christian Doctors Network (WCDN) (Perustaja ja puheenjohtaja), sekä Manmin International Seminary (MIS) (perustaja sekä johtokunnan jäsen.)

Muita saman tekijän voimakkaita kirjoja

Taivas I & II

Yksityiskohtainen kuvaus siitä ihmeellisestä elinympäristöstä josta taivaalliset kansalaiset saavat nauttia sekä taivaallisen kuningaskunnan eri tasoista.

Ristin Sanoma

Voimallinen herätysviesti kaikille niille jotka ovat hengellisesti nukuksissa. Tästä kirjasta sinä löydät Jumalan todellisen rakkauden ja syyn siihen että Jeesus on Pelastaja.

Helvetti

Vilpitön viesti koko ihmiskunnalle Jumalalta, joka ei tahdo yhdenkään sielun joutuvan helvetin syvyyksiin! Sinä löydät koskaan aikaisemmin paljastamattoman kuvauksen Helvetin julmasta todellisuudesta.

Henki, Sielu ja Keho I & II

Kirja selittää Jumalan alkuperän ja muodon, henkien tilat, ulottuvuudet sekä pimeyden ja kirkkauden, jakaen meille salaisuuksia joiden avulla me voimme tulla hengen täyteyden ihmisiksi jotka voivat ylittää ihmisten rajoituksia.

Uskon Mitta

Minkälainen asuinsija sinulle on valmistettu taivaaseen ja minkälaiset palkkiot odottavat sinua siellä? Tämä kirja antaa sinulle viisautta ja ohjeistusta jotta sinä voisit mitata uskosi määrän ja kasvattaa uskostasi syvemmän ja kypsemmän.

Herää, Israel

Miksi Jumala on pitänyt katseensa Israelissa aina aikojen alusta tähän päivään saakka? Minkälainen suunnitelma on laadittu Messiasta odottavan Israelin viimeisiä päiviä varten?

Elämäni ja Uskoni I & II

Uskomaton hengellisyyden aromi elämästä joka puhkesi vertaistaan vailla olevaan rakkauteen Jumalaa kohtaan tummien aaltojen, kylmien ikeiden ja syvän epätoivon keskellä.

Jumalan Voima

Välttämätön teos joka opastaa kuinka omata aitoa uskoa ja kuinka kokea Jumalan ihmeellinen voima.

www.urimbooks.com

www.ingramcontent.com/pod-product-compliance
Lightning Source LLC
LaVergne TN
LVHW041814060526
838201LV00046B/1259